A PRIMEIRA VISTA

IN ON IT

Daniel MacIvor

A PRIMEIRA VISTA

IN ON IT

Tradução de Daniele Avila Small

Cobogó

SUMÁRIO

Apresentação por Daniel MacIvor   7

A PRIMEIRA VISTA   11
IN ON IT   85

Notas do autor sobre a montagem de *In On It*   169
Biografia de Daniel MacIvor   173

Apresentação

No mundo moderno, me parece que o maior equívoco em que acreditamos, nossa maior fonte de sofrimento, é a ilusão do "eu". Somos levados a acreditar que há um "eu" indefinível que devemos entender e respeitar. Passamos a vida acreditando que o nosso objetivo é descobrir esse "eu" — quando, na verdade, a real jornada me parece ser a de nos inventar. É a crença nesse "eu" que nos mantem isolados e amedrontados, e nos faz incorporar rótulos que, no fundo, nunca parecem servir. Tanto *In On It* quanto *A Primeira Vista* são peças que questionam essa noção do "eu". E é essa noção que faz com que Este Aqui não se permita amar Aquele Ali, e que faz com que M não seja feliz com L. Não nascemos nós mesmos, nós nos tornamos nós mesmos. Para mim essa é a perfeição do teatro como forma de expressão: aqui há muitos eus, tanto no palco quanto na plateia. No teatro podemos entender o quanto somos fluidos como pessoas, e entender que o tempo — outra mentira em que acreditamos — é fluido. O agora, o depois e o futuro são na verdade a mesma coisa. Somos muitos e o que somos é o que fomos e o que seremos.

Sinto-me honrado que esta publicação esteja agora disponível ao público e pelo belo trabalho que Enrique Diaz fez com essas peças. O que me lembra que cada um de nós, no mundo todo, em todas as línguas, faz as mesmas perguntas, procura a mesma verdade, busca a mesma beleza.

Daniel MacIvor
junho de 2012

A PRIMEIRA VISTA
de **Daniel MacIvor**

Tradução de Daniele Avila Small

A Primeira Vista [*A Beautiful View*] foi desenvolvido por da da kamera durante uma residência no Wexner Center, na Ohio State University. O espetáculo estreou nos Estados Unidos, no Wexner Center, em março de 2006.

Elenco
L: Tracy Wright
M: Caroline Gillis

Direção
Daniel MacIvor

Iluminação
Kimberly Purtell

Música
Michael Laird

Assistência de direção
Kimberly Purtell

Assistência de produção
Eric Colleary

Produção
Sherrie Johnson

Produção no Wexner Center
Chuck Helm

A Primeira Vista estreou no Brasil, no Teatro Poeira, no Rio de Janeiro, em 15 de março de 2012.

Elenco
L: Drica Moraes
M: Mariana Lima

Direção
Enrique Diaz

Iluminação
Maneco Quinderé

Música
Lucas Marcier
Fabiano Krieger

Cenário
Marcos Chaves

Figurino
Antonio Medeiros

Preparação corporal
Cristina Moura

Técnica Alexander
Valéria Campos

Assistência de direção
Keli Freitas

Realização
Machenka Produções

PRÓLOGO

Um aparelho de som num palco vazio. Sons de uma floresta à noite, grilos, vento nas árvores, uma coruja, um pato.

Uma mulher, L, entra e olha para o público. Ela olha para o aparelho de som. Depois para o público. Sai.

Outra mulher, M, entra, olha preocupada para as fortes luzes acima. O grasando de um pato no aparelho de som. Ela se aproxima do aparelho e olha para ele, esperando o grasnado de novo, que não acontece mais.

L entra com uma cadeira. Ela posiciona a cadeira de frente para M e sai.

L volta com mais uma cadeira. Ela posiciona a cadeira de frente para a outra. Depois senta na primeira cadeira. M olha para as cadeiras, depois volta a atenção para o aparelho de som.

L se levanta e afasta a segunda cadeira alguns centímetros.

M observa essa mudança e depois senta. M vira a cadeira um pouquinho para o fundo do palco, de frente para o aparelho de som.

Depois de um momento, L se levanta e desliga o som. Ela volta para a sua cadeira.

Um momento de silêncio.

L: Vamos começar?

M: Ainda não.

L: Quando então?

Um momento.

M: Isso vai mudar o quê?

L: Tudo, talvez.

M: Ou nada.

L: "Nada é suficiente."

M: É.

Um momento.

L: Desculpa.

M: É.

L: Nada é suficiente.

M olha rapidamente para as luzes, depois desvia o olhar.

L: Não fica com medo.

M: Eu não tô com medo.

L: Você sempre fica com medo.

Um momento.

L: As pessoas vão pensar que talvez você não goste de mim.

M: Por quê?

L: Porque você tá sentada assim.

M: Não tem nada a ver com você.

L: É, pois é.

M: Tanto faz.

L se vira para ficar de frente para M.

M: Vai fundo.

L: O que você vê?

M: O que você vê?

L: O melhor de mim.

M: Ha.

L: O que você vê?

M: Nada.

L: Ah.

Um momento.

M: Nada é suficiente.

L: Ha.

Um momento.

L: A gente devia começar.

M: De onde?

L: Do começo.

M: [*olhando na direção do público*] Tá muito claro.

L: Olha abaixo da luz.

M olha abaixo da luz.

M: Ai, meu deus, que lindos!

M se levanta, acena para o público, olhando para as pessoas, sorrindo. L vem e se coloca ao lado de M olhando para a frente também. L acena.

Blecaute.

CENA 1

M está carregando uma barraca para duas pessoas. Ela abre a parte de trás e passa por dentro da barraca para entrar em cena.

M e L ficam de pé, olhando para a frente, dirigindo-se uma à outra através da plateia.

L: Com licença?

M: Oi.

L: Eu tô procurando emprego.

M: É mesmo?

L: Eu ouvi dizer que vocês estão contratando?

M: Ah...

L: Com quem eu posso falar?

M: Com alguém que trabalhe aqui?

L: Ah. Desculpa.

M: Não precisa pedir desculpas. Eu trabalharia aqui. Eu não me importaria de trabalhar aqui.

L: É só porque eu vi você sair de dentro da barraca.

M: É. Eu tava deitada lá dentro. Dizem que você deve sempre deitar na barraca antes de comprar.

L: Eu já ouvi isso.

M: Você acampa?

L: Acampo, é ótimo, sabe, sair da cidade.

M: É, pois é.

L: Escapar.

M: Viver, ser, respirar, relaxar.

L: É.

M: É. Esses dias eu tô trabalhando nisso em tempo integral: viver, ser, respirar, relaxar.

L: E você ganha bem com isso?

M: Não muito.

L: Não, eu quis dizer, é...

Um momento.

L: Você não tá trabalhando?

M: Não, igual a você.

L: Bom, agora eu trabalho num bar, mas eu queria fazer qualquer outra coisa.

M: Que bar?

L: Ah, não, no aeroporto.

M: Você é bartender?

L: Sou.

M: Eu ia adorar ser bartender.

L: É.

M: Ser bartender é bacana.

L: Não é, não, é bem mais ou menos. Você tá procurando emprego?

M: Não, eu tô ocupada com a minha banda.

L: Você tem uma banda?

M: Tenho, a gente ainda tá... fora do circuito. Por enquanto. De propósito. Ukuleladies[1]. Duas garotas tocando ukulelê. As garotas cantam. Tem um baixo de vez em quando. Guitarra. Baterista. A gente faz cover de músicas dos anos 80.

---

[1] No original, *Ukelar*. (N. da T.)

L: Você canta?

M: Eu sou baterista.

L: Eu toco guitarra.

M: Sério? Você quer ser da minha banda?

L: Hm. Você não tem um guitarrista?

M: Ah, não, é verdade.

L: Então...?

M: É.

L: Você tem planos de acampar?

M: Eu tava pensando em ir pro Norte.

L: Mas você leu sobre...

M: É, pois é.

L: Você viu hoje de manhã?

M: Bom, foi na semana passada.

L: Sim, sim, mas tava no jornal hoje de manhã.

M: Que loucura.

L: Totalmente. Atacados e devorados.

M: Eles estavam espalhando... Você leu isso?

L: Eu sei, manteiga de amendoim.

M: ...nas mãos...

L: Olha só!

M: ...pra atrair ursos!

L: Ursos!

M: Ursos!

L: As pessoas são muito idiotas.

M: As pessoas têm o que merecem.

Um momento.

L: Você acampa muito?

M: Tô começando a voltar. Eu acampava bastante. Uns três anos atrás. Eu era outra pessoa, de outra espécie.

L: Sei.

M: Enfim.

L: Eu vou ficar de olho na sua banda.

M: É, pois é. A gente vai estar por aí.

L: Uku... o quê?

M: Ukuleladies.

L: Certo.

L vai embora.

M: Bom acampamento.

L: Pra você também.

M: Olha.

L para e volta.

Mudança de luz.

M: Não é justo.

L: Em que sentido?

M: Como fica a minha imagem no final das contas.

L: É com isso que você tá preocupada?

M: É isso, sim...

L: Pelo menos a gente estabelece que nós duas somos mentirosas.

M: Tanto faz.

M pega a barraca e vai embora.

L olha para o público por um instante e vai embora, na direção oposta.

L volta com o aparelho de som.

Ela liga o som. Uma banda ao vivo.

L fica de pé, olhando para a frente, como se estivesse vendo a banda tocar.

M entra e fica observando a banda também.

Mudança de luz.

CENA 2

M e L ficam curtindo a banda.

M repara em L como se elas estivessem numa pista de dança cheia de gente.

M a reconhece.

Depois de pensar um pouco, M vai falar com L.

L continua curtindo a banda.

M anda como se estivesse passando por uma multidão aglomerada de frente para o palco numa casa de shows. Pedidos de desculpas. Bebidas derramadas. Falta de educação.

M finalmente chega até L quando a música acaba.

M: [*aplaudindo*] Uhuuuu! [*para L*] Oi.

L: Oi.

M: Oi. Lembra de mim? A gente se conheceu naquela loja. A garota que tava dentro da barraca.

L: Ah, sim, oi.

M: Oi.

Um momento.

L: [*sobre a banda*] Eles são ótimos, né?

M: É.

Um momento.

M: Você toca guitarra mesmo?

L: Você tá perguntando se eu tava mentindo?

M: Não, eu tô perguntando, assim, se você toca bem.

L: Eu me viro.

M: Não, é que, eu tava pensando, se a pessoa que toca na minha banda sair ou alguma coisa assim.

L: Você deve conhecer várias pessoas que tocam guitarra.

M: Não, é, mas não, é.

L: Porque eu não toco muito bem.

Um momento.

M: Eles são ótimos, né?

L: São seus amigos?

M: A banda?

L: O estilo é diferente da sua banda?

M: Não, é, não. Eu conheço a baterista.

L: A Sasha?

M: É.

L: Ela é ótima. E de onde vocês se conhecem?

M: Eu sou baterista. Bateristas se conhecem.

L: Ela ainda tá com o Kevin?

M: O Kevin?

L: É.

M: Tá.

L: Sério?

M: Não.

L: Não?

M: Eles ficam terminando e voltando.

L: É, pois é.

Um momento. L vai sair.

L: Vou fazer xixi.

L pega o aparelho de som e sai.

M: Quem sabe a gente não se encontra no aeroporto um dia desses.

L: Com certeza.

M: Se eu for viajar. Ou voltar de uma viagem.

Mudança de luz.

M: [*para o público*] Ok, então, agora eu tenho que ir até o aeroporto. Porque eu menti. Quer dizer, eu não conheço a baterista. Mas essa não é a mentira maior. Isso é só uma daquelas coisas que escapam na conversa. Quer dizer, eu conhecia a baterista, ela era a baterista, eu quis dizer que eu sabia quem ela era, que é tipo... sabe? Mas quem é esse Kevin? Eu pensei que a baterista fosse gay. Enfim, eu não conhecia a baterista, mas eu sabia quem ela era.

Um momento.

M: E eu não tinha uma banda. Eu tava trabalhando numa loja de discos naquela época. Eu tava trabalhando nisso, de ter uma banda. Tinha muitas conversas sobre a banda. Mas na verdade eu não conhecia nenhum músico, só conhecia outras pessoas que, como eu, trabalhavam em lojas de discos e conversavam sobre ter uma banda. E eu tava mesmo pensando em começar a aprender a tocar bateria. Eu achava que era uma ideia muito boa. Mais especificamente, pra tocar covers da Pat Benatar. E isso foi um tempo atrás — eu até hoje acho que isso podia dar certo. Com o tom... certo. Era uma ideia boa. Então não era uma mentira de verdade, era só um desejo que eu tinha.

Um momento.

M: Mas a mentira era sobre a Sasha e o Kevin, "Eles ficam terminando e voltando". Eu nem conhecia a Sasha e quem era o Kevin? Então, pelo bem da Sasha e do Kevin, eu tive que ir até o aeroporto.

CENA 3

L entra com dois cardápios de bebida.

L: Mesa pra uma pessoa?

M: Oi.

L: Ah, oi.

M: A garota da...

L: Ah, sim, não, oi.

M: Você é difícil de achar.

L: Como?

M: Tem vários bares no aeroporto.

L: Pessoas nervosas bebem.

M ri.

M: Esse aqui é o mais legal, dos bares, do aeroporto.

L: Pra onde você vai?

M: O quê?

L: Ou você tá voltando?

M: Eu vim pegar a minha avó.

L: Em que voo que ela tá?

M: Da meia-noite.

L: De Austin?

M: Olha. É.

L: Onze e cinquenta.

M: Isso. Na verdade, não é bem isso.

L: Sim, não, sim, acho que eles mudaram o horário há pouco tempo, esse voo chegava às onze e quarenta, mas mudaram, eu não sei exatamente o que tem de bom nisso...

M: Não, eu quero dizer que eu não vim buscar a minha avó. Ela não tá vindo pra cá. Na verdade, ela já morreu. Mas ela morava em Austin mesmo. Quando ela era viva.

L: Ah.

Um momento.

L: Você me dá licença um segundo?

M: Claro.

L se volta para a frente e olha para o público.

Mudança de luz.

L: [*para o público*] Então tá, são onze e meia numa noite de sábado. Faltam poucos minutos pra eu sair do trabalho. Eu tô trabalhando num lugar que é uma combinação estranha de shopping center com quartel-general. Nesse momento esse lugar tá lotado de bêbados que esperam seus parentes compondo musiquinhas com palavrão. É o tipo de coisa que não dá pra gostar de ouvir sem ter tomado uma cerveja ou outra. E eu tô trabalhando. E de repente aquela garota estranha da loja de acampamento aparece na minha frente e diz que a avó dela morreu. Então o que é que ela tá fazendo no aeroporto? E eu tô com medo de perguntar porque eu tô com medo que ela diga que ela só veio aqui pra beber alguma coisa. Ela veio lá do centro da cidade até o aeroporto, só pra beber alguma coisa? Então ela quer alguma coisa comigo. Nada de mais. Nem é a minha praia. Mas e daí, né? Eu não tô a fim desse negócio de me relacionar com as pessoas, de um modo geral, não tô nem me preocupando em fazer novas amizades. Além disso, eu conheci um cara uma vez no teatro que veio até o aeroporto pra "beber alguma coisa" e foi bem estranho. E eu também nem tenho certeza se ela é gay.

L se vira para M, mudança de luz.

L: Desculpa.

M: Imagina. Eu vim aqui hoje à tarde, mas você não tava.

L se vira para o público.

L: [*um olhar sabido*]

L vira-se de volta para M.

L: Então você só veio até aqui pra beber alguma coisa?

M: Eu não conheço a Sasha, eu não sei por que eu disse que eu conhecia, quer dizer, eu sei quem ela é, eu vejo ela por aí, mas eu não conheço ela, e eu não sei se ela e o Kevin estão terminando e voltando ou sei lá, então eu não queria que você contasse pra Sasha que alguém te disse que eles estavam terminando e voltando, vai que eles estão juntos pra valer, aí ela vai pensar que foi o

Kevin que disse isso pra alguém, e aí o Kevin se ferra, provavelmente sem ter feito nada de errado.

L: Você conhece o Kevin?

M: Eu não conheço ninguém. E eu não tenho uma banda, mas eu tô pensando em começar uma banda.

L: Ah.

M: Então. Enfim.

L: Você quer uma mesa?

M: Você não tá no bar hoje?

L olha para o público.

Mudança de luz.

L: [*para o público*] E algumas pessoas te ajudam a lembrar de algumas coisas. Coisas que aconteceram. Coisas que dizem respeito a você. É legal ter alguém por perto pra refrescar a sua memória.

L volta o olhar para M.

Mudança de luz.

L: Ah, não, eu, não, eu só, quer dizer, eu falo que eu sou bartender, mas na verdade eu sou garçonete.

M: Ah.

L: Bom, pelo menos fica estabelecido que nós duas somos mentirosas.

M: Eu prefiro pensar que nós temos pensamento positivo.

L: Você quer beber alguma coisa?

M olha para o público. Mudança de luz.

M: E eu acho, ai meu deus, que ela é gay.

M olha de volta para L. Mudança de luz.

M: Eu beberia alguma coisa.

Mudança de luz para geral.
M sai.

L: [*para o público*] Eu sempre me considerei uma pessoa prática. E talvez a gente tenha nascido prático. Os bebês são muito práticos. Aquela gritaria toda é muito prática. A gente confunde aqueles gritos com sentimentos. Mas eles não são. Os sentimentos se desenvolvem porque as necessidades não são satisfeitas. Os sentimentos não são práticos. E eu não tô falando de sentimentos do tipo... eu gosto dessa música ou essa torta é uma delícia ou esse banho é relaxante ou eu vou matar essa piranha. Isso é só um monte de coisa que a gente diz. Isso não é prático. Ou talvez a gente se torne prático. Talvez no meu caso eu tenha me tornado prática por uma questão de necessidade. Meus pais eram alucinadamente nada práticos. Minha mãe era alcoólatra crônica e o meu pai foi embora quando eu tinha quatro anos — o que eu acho, se você parar pra pensar, que pode ter sido uma coisa muito prática, pra ele. Aos sete anos de idade eu já tinha decorado o telefone do radiotáxi, do restaurante que fazia entrega e do chaveiro. Isso é ser uma criança prática. Eu sempre gostei de coisas práticas. Acampar, por exemplo. Acampar é muito prático. A escolha do lugar, a melhor hora pra chegar, o planejamento das refeições, a organização das caminhadas. Você acorda com o sol e vai dormir com a lua. Tudo muito prático. É claro que existem as coisas chatas que não são práticas, como os mosquitos ou urtiga. Ou os ursos. Especialmente os ursos. Dizem que existem meios de evitar o ataque de um urso. Mas às vezes... Os ursos têm uma coisa. Se eu pudesse manifestar o medo fisicamente, ele teria a forma de um urso.

M entra com uma grande figueira de plástico.

M: Nerd.

L: Os sentimentos são como os ursos. Eles seguem as suas próprias regras. E por mais difícil que seja, às vezes tudo o que você tem que fazer é deixar de ser prática e seguir a intuição.

M: Você tá falando de mim?

L: Não. [*sobre a árvore*] Isso é de plástico?

M: Tanto faz.

L: Isso é necessário?

M: Eu gosto.

L: Tá bom.

CENA 4

L e **M:** [*juntas, para o público*] E então a gente bebe no aeroporto.

Durante essa cena L e M pegam as cadeiras e colocam uma de frente para a outra. L pega o aparelho de som e o coloca na parte de trás do palco.

L: Eu saio do trabalho.

M: Eu tomo duas taças de vinho.

L: Eu tomo uma ou outra cerveja.

M: [*para L*] "Uma ou outra"?

L: Quatro é uma ou outra.

M: "Quatro"?

L: E nós temos todas essas coisas estranhas em comum.

M: Nós duas fazemos aniversário no mesmo dia.

L: [*para M*] Você conhece alguma outra pessoa que faça aniversário nesse mesmo dia?

M: [*para L*] Só você.

L: Eu sei. Eu também não. Só o Martin Landau, e eu nem conheço o Martin Landau.

M: E nenhuma de nós duas sabe nadar.

L: E nós duas morremos de medo de urso.

M: O que a gente acha muito engraçado.

L: Até hoje.

M: E ela diz "se o medo tivesse quatro patas, ele seria um urso".

L: Algo assim.

M: [*para L*] Nerd.

L: [*para M*] Nerd? Profeta.

L: Eu deixo o meu carro no aeroporto.

M: A gente pega um táxi até o centro.

L: Tá tudo fechado.

M: E a gente tá se divertindo.

L: Eu conheço um lugar.

M: [*para L*] O lugar é horrível.

L: Mas ela não quer ir.

M senta.

M: E ela diz: você quer ir beber alguma coisa lá em casa?

L: E ela diz que sim.

L liga o aparelho de som. Toca uma música durante a cena. Mudança de luz.

M: Nada é suficiente.

L vai na direção de M, que está na cadeira.

L: O quê?

M: "Nada é suficiente." Na sua geladeira. Em cima daquele monte de palavras. Do lado da foto da garota.

L: É a Sasha. Na foto.

M: Ah.

L senta.

L: Eu nem conheço ela tão bem assim. É que eu gosto da foto.

M: Me desculpa por...

L: Não importa. Então você gosta do "nada é suficiente"?

M: É. Você diz isso no bom sentido ou no mau sentido?

L: No bom sentido, com certeza.

M: Eu também. Quer dizer, eu tô buscando.

L: Buscando?

M: Eu quero dizer que todo mundo tá buscando.

L: Todo mundo tá buscando.

M: A gente vai falar sobre isso? A gente vai entrar nesse assunto de "Deus"?

L: Que se dane.

M: Porque...

L: Mas eu tenho que dizer que toda essa coisa da religião...

M: Essa coisa da "religião", meu deus! Isso, isso, exatamente.

L: É claro que no papel... Muita coisa funciona no papel.

M: Claro, claro.

L: Tudo funciona no papel.

M: Tudo funciona no papel.

L: O fascismo funciona no papel.

M: É.

L: O satanismo funciona no papel.

M: É mesmo?

L: Claro. Tudo funciona no papel. Mas aí você acrescenta os seres humanos.

M: Exatamente, exatamente.

L: E é tudo uma questão de calar a boca.

M: É tudo uma questão de calar a boca.

L: Blá-blá-blá.

M: Blá-blá-blá.

L: Cala a boca!

M: É, é. Agora, os budistas têm...

L: Ah, eles têm aquela cantoria toda.

M: Sim, a cantoria.

L: Foda-se a cantoria.

M: [*risos com um deleite culpado*].

L: Só o silêncio.

M: O silêncio. Sim.

Durante a sequência, a música no aparelho de som para.

L: E o silêncio está lá, debaixo de todo o blá-blá-blá. Mas ninguém consegue escutar. O silêncio é Deus. O silêncio é Deus dizendo "Shhh". Mas ninguém consegue escutar. E mesmo se as pessoas fossem capazes de escutar, elas estariam ocupadas demais tentando escutar alguma coisa pra conseguir escutar de fato. A gente nunca vai escutar nada enquanto não calar a boca e parar de ficar tentando escutar alguma coisa com tanto afinco que a gente acaba não conseguindo escutar nada.

M: Uau.

L: Sabe?

M: É, pois é.

Um momento.

L: Um brinde ao calar a boca.

Um momento.

M: Um brinde ao calar a boca.

Um momento.

M: Porque, o que você quer dizer com "nada é suficiente"? É como se você quisesse dizer "nada, já tá bom", que eu meio que acho que é no bom sentido, apesar de que, eu quero dizer, existe o "nada nunca vai ser suficiente", que não é exatamente ruim, mas é diferente. E será que isso importa?

L dá de ombros.

M: Enfim.

Um momento.

M: Eu adoro a sua casa.

L dá de ombros.

M: Essa figueira tá doente.

L dá de ombros.

M: [*acha a ideia esquisita e encantadora*] Vamos não falar?

L dá de ombros.
M está em silêncio. Ela acha isso esquisito e encantador.
O silêncio alcança outro nível.
E ainda outro.
As mulheres estão quase se beijando.
M se levanta rapidamente. Mudança para luz geral.

M: E é por isso que eu queria que a planta estivesse aqui. Não se trata de uma figueira de verdade, e ela não tá doente. Bom, ela não tá doente porque ela é de plástico, mas era importante que ela estivesse representada, por causa do que ela representa. Porque naquele momento do "essa figueira tá doente", é como se eu estivesse vendo a figueira saudável que eu poderia ter. Só porque eu disse que a figueira tá doente, eu não tava querendo dizer que ela era cruel ou que ela tava tentando friamente, ou maliciosamente, matar a figueira. Foi isso o que me veio à cabeça, foi só uma coisa que eu disse. E eu acho isso interessante porque dizem que tem muita verdade nessas coisas que a gente simplesmente diz, mas às vezes a gente tá só procurando alguma coisa pra dizer. E eu acho engraçado, só isso.

L: Eu acho engraçado que você tenha parado exatamente aí.

M: Que eu tenha parado exatamente onde?

L: Que você tenha parado onde você parou.

M: Quando?

L: Agora.

L se levanta.

M: Bom, era bem óbvio pra onde as coisas estavam caminhando. [*para o público*] Era bem óbvio, não é como se a gente tivesse que...

L: É bem engraçado.

M: Sabe o que eu acho bem engraçado?

L: Two and a Half Men?

Durante a cena seguinte, L tira a sua cadeira, a cadeira de M e a planta.

M: Eu acho que é bem engraçado que você tinha uma foto da Sasha na sua geladeira, e você nem conhecia ela.

L: Era uma filipeta de um show.

M: Isso é bem engraçado.

L: A primeira vez que eu cheguei a falar com ela foi naquela exposição que tinha uma "caixa de luz". Eu não entendo nada de arte.

M: Enfim.

L: Mas o que é bem engraçado é que você parou exatamente ali, onde você parou, pra falar da planta. Especialmente porque você parou pra dizer que o que você disse sobre a planta não queria dizer nada. Isso é bem engraçado, você não acha?

M: Um pouco estranho, talvez.

L: É meio como se você só estivesse procurando alguma coisa pra dizer.

Silêncio.

L: Você lembra do que aconteceu depois?

M: A música voltou a tocar sozinha, do nada.

Música no aparelho de som.

Lentamente, elas começam a dançar juntas. Mudança de luz. M começa a desabotoar a camisa. L ajuda. M tira a camisa. L pega a camisa e joga no chão.

Elas param de dançar e ficam perto uma da outra.

L pega o aparelho de som e faz um sinal para M ir com ela para fora de cena. Elas saem.

Blecaute.

No escuro ouvimos M voltar para a cena. As luzes se acendem, mostrando M procurando a camisa. Enquanto fala para o público, ela veste a camisa.

M: [*para o público; sussurrando, como se não quisesse acordar L*] O que também é muito engraçado, estranho mesmo, é a música começar a tocar sozinha, do nada. Parecia um sinal. A música era um sinal de que eu deveria, sabe, deixar rolar, por um segundo, por um minuto, por uma noite. E então, bom, eu deixei rolar e foi... Quer dizer, eu não tava pensando nisso, eu tava só, e foi... Mas depois, quando eu parei pra pensar nisso mais tarde, no dia seguinte, eu simplesmente não conseguia. Quero dizer. Eu não podia virar bissexual assim de repente. Eu quero dizer que talvez isso possa funcionar pra algumas pessoas, mas eu juro que eu não tenho estrutura pra isso. A questão é que você tem que ser muito organizada pra ser bissexual, e eu não sou uma pessoa organizada em nenhum aspecto. Então, por esse motivo, e apenas esse, a minha vida e as minhas coisas, na manhã seguinte eu, silenciosamente, rapidamente, desapareci.

Blecaute enquanto M sai.

Uma lanterna corta a escuridão do palco. L entra usando um casaco de algodão, trazendo uma lanterna. Luz. L vai à frente para falar com o público.

CENA 5

Mudança de luz para geral.

L: O tempo passa. E eu continuo pensando naquela lésbica maluca que eu conheci na loja de artigos de acampamento e que armou aquela sedução toda elaborada e nós passamos uma ótima noite juntas e que depois evaporou. E eu penso que, tá legal, então as lésbicas malucas são iguais aos homens. Um ano se passa. A minha mãe morre. O que foi difícil, mas o tempo passa. Eu me mudei algumas vezes. Eu "troquei de profissão" várias vezes. Eu reencontrei um cara que eu já conhecia. Nós demos umas risadas. Sem estresse. Nos casamos. Porque essa parecia ser a coisa certa a fazer. Quer dizer, ele é um cara legal. Ele gosta de acampar. Boas risadas. Sem estresse. A gente acampa bastante. Nesse fim de semana nós fomos acampar.

M entra usando um casaco de algodão e carregando uma barraca.

Ela coloca a barraca no chão entre ela e L.

A luz muda devagar para noite.

M: Ah, desculpa. Isso aqui é uma trilha?

L: Oi.

M: Olá. Eu tava tentando encontrar um lugar perto do banheiro, mas tava lotado. Tá escurecendo, não tá? A que horas escurece?

L não diz nada.

M: [*reconhecendo L*] Ai, meu deus. Ai, oi. Olá. Oi.

L: Oi.

M: Você tá acampando?

L: É, eu voltei a acampar.

M: Eu também. Onde você tá?

L: Perto do banheiro.

M: Sorte sua.

Um momento.

L: Você tá sozinha?

M: É perigoso?

L: Não, não, de jeito nenhum.

Um momento.

L: Ei, a Sasha e o Kevin se separaram.

M: Eu não conhecia eles.

L: Sei.

M: Era mentira.

L: Certo, mentira. Ou como foi que você chamou… "Pensamento positivo".

M: É.

Um momento.

M: Você tá sozinha?

L: Não, meu marido tá aí.

M: Seu marido?

L: É.

M: Um homem?

L: Bom, é. Por quê?

M: Ah, não, só que, como é que tá sendo isso?

L: Bom.

M: Você trocou completamente?

L: O quê?

M: ...Homens?

L: Eu nunca troquei. Bom, quero dizer, teve você.

M: Como assim? Teve mais do que eu.

L: Não.

M: Eu pensei que você fosse lésbica.

L: Não. Faz diferença?

M: Bem. Não.

L: Você só dorme com outras lésbicas?

M: Eu não sou lésbica.

Um momento.

Elas pensam sobre isso.

M: Engraçado.

L: Ou triste.

M: É.

L: [*saindo*] Quem sabe a gente se vê amanhã.

M: É.

L para.

L: O que você vai fazer pro jantar?

M: Tem um lugar perto da estrada.

L: Vem jantar com a gente.

M faz um sinal de hesitação.

L: Vem.

M: Tá legal, obrigada.

L: Traz a sua lanterna.

É noite agora e L e M ligam as suas lanternas e se iluminam uma à outra.

L: [*para M*] E você vem pro jantar.

M: [*para L*] Foi muita gentileza sua.

L: [*para o público*] E nós comemos.

M: A comida tava excelente. E tinha uma fogueira!

L: E nós bebemos um pouco. Bebemos muito.

M: [*para L*] E eu conheço o seu marido.

L: [*para M*] E você não gosta dele.

M: [*para L*] Não, eu gosto.

M e L estão juntas, iluminadas por lanternas e pelo brilho laranja da fogueira.

L: [*para M*] Não gosta, não.

M: É, não gostava, não.

Um momento. Só agora elas falam uma com a outra.

M: Não que ele seja um mau rapaz.

L: A gente dava boas risadas.

M: "Boas risadas. Sem estresse."

L: Exatamente.

M: Mas quando a graça acaba não sobra nada. Às vezes o estresse sustenta a risada.

L: Talvez.

M: Eu acho que ele não se importava mesmo com nada.

L: Talvez eu não me importasse.

M: Você se importava.

L: Ah, cala a boca.

Um momento.

L: Ele acampava, isso era legal.

M: Isso era bem legal.

L: Obrigada.

Mudança de luz para geral.

CENA 6

M vai à frente para se dirigir ao público, tirando o casaco. L retira a barraca.

M: A vida acontece. A gente ficou amiga. Eu nunca fiz terapia. Ela ficou fazendo e parando durante vários anos. Não por minha causa. Mas ela me convenceu a fazer. Com o terapeuta dela. Mas a gente acha que isso não é permitido, ou algo assim, pelas regras sei lá de quê. Então eu comecei a ir nesse terapeuta também, mas a gente não contou pra ele. Que nós éramos amigas. Mas a gente sempre conversava depois e comparava as anotações. Foi uma coisa que aconteceu, sabe, organicamente. O que com certeza não é permitido. E ele tinha o estilo dele. Aquele estilo não-dizer-nada. O que tava deixando a gente louca. Então ela decidiu.

L: [*de fora*] Você decidiu.

M: Nós decidimos que ela também não ia dizer nada, e eu não ia parar de falar. Pra ver se uma das duas coisas ia fazer ele dizer alguma coisa. Então isso durou, sei lá, meses. Eu tagarelava da hora em que eu passava pela porta até a hora de ir embora e ela ficava. [*faz sinal de fechar e trancar os lábios e jogar a chave fora*]

M: [*para fora*] Foi um ano?

L cruza e pega o casaco e a lanterna de M.

L: Nove meses.

M: E numa noite a gente foi jantar num lugar chique por alguma ocasião.

L cruza e sai.

L: Meu divórcio.

M: Ai, meu deus, é. E aí ele entrou.

L: [*saindo; para o público*] O terapeuta.

M: Com essa mulher.

L: [*voltando à cena por um instante*] Não era a mulher dele.

M: [*para L*] Você não sabe.

L: [*para o público*] Não era a mulher dele.

L sai.

M: E foi uma coisa, mas o melhor foi quando ele viu a gente. Ela e eu, a muda e a matraca, sentadas juntas.

L: [*de fora*] Perdeu a cabeça.

M: Teve que ser internado.

L entra com dois ukulelês.

L: Ele deu um tempo.

M: Ele se demitiu.

L: Ele abriu uma pousada.

M: E lá estávamos nós, de repente, sem terapia.

L dá um ukulelê para M.

L: Então a gente decidiu montar uma banda.

Mudança de luz.
L e M tocam e cantam "Heartbreaker", da Pat Benatar, com fundo de uma banda gravada para um show. Elas param de repente.

M: Esse foi o nosso primeiro show.

M tira os ukulelês de cena.

L: Foi numa festa.

M: Numa exposição.

L: Era mais uma festa que uma exposição.

M: A gente gostou muito.

L: A única coisa em que você pensava era na opinião da Sasha.

M: Isso não é verdade.

L: Ah, é?

M: Não era a "única" coisa.

L: Ah, é?

CENA 7

Mudança de luz.
Uma caixa de luz no chão.

M: O que ela achou? O que ela achou?
L: Do quê?
M: De Ukuleladies?
L: Ela achou divertido.
M: Foi isso o que ela disse? "Divertido."
L: Ela gostou.
M: Você conversou com ela um tempão.

L olha para uma caixa de luz no chão, para a fonte de luz.

L: O que é isso?
M: [*lendo o título da obra no chão*] "Caixa de luz."
L: "Caixa de luz."
M: É.
L: E isso faz o quê?
M: Acho que ela simplesmente é.
L: Eu não entendo nada de arte.
M: O que mais a Sasha disse?
L: [*olhando para fora de cena*] Ai, meu deus, olha só o Norman. O que ele fez! Ele disse que fez um peeling e tava descascando. Pô, isso é que é descascar. O que ele tava tentando fazer, descascar até 1974?

Um momento.

M: O que ela achou da banda?

L: Ela disse que achou divertida. Disse que é irônica.

M: Irônica.

L: Irônica de um jeito divertido.

M: Você tá falando do nome? Ela achou o nome irônico? Será que a gente deve mudar?

L: O nome é divertido. É o nome que você deu. É a sua banda.

M: É a nossa banda. Ela achou que eu toquei bem? Eu toquei tão mal.

L: Olha, não é como se você tocasse guitarra.

M: O quê?

L: Não dá pra tocar mal ukulelê, não é como se você tocasse guitarra.

M: Foi isso o que ela disse?

L: Ela disse alguma coisa sobre guitarra.

M: O que foi que ela disse sobre guitarra?

L: Que uma banda não é uma banda de verdade se não tem uma guitarra.

M: Será que a gente deve colocar uma guitarra?

L: O nome da banda é Ukuleladies.

M: Eu sei.

L: Guitarruladies não tem o mesmo apelo.

M: Ela achou horrível.

L: Não.

M: Ela me achou horrível.

L: Não. Ela disse que você tem muita personalidade.

M: "Personalidade." O que é "personalidade"? Uma coisa que desgasta as pessoas. Uma coisa que cansa as pessoas.

L: É divertido.

M: Eu quero que seja mais que divertido.

L: O que é mais que divertido?

M: Eu quero que seja pra valer.

L: "Pra valer" não é divertido?

M: O que mais ela disse?

L: Ela quis saber quem seduziu quem.

M: Como assim?

L: Eu e você.

M: Ela sabe dessa história?

L: Algumas pessoas sabem.

M: Como?

L: Eu comentei com o Norman naquela época.

M: Ah.

L: Não precisa se preocupar. Ele jurou que não ia falar nada pra ninguém agora.

Um momento.

M: O que você disse?

L: Sobre o quê?

M: Sobre quem e o quê.

L: Eu disse que eu não sabia. Mas ela tem um palpite.

M: O que ela acha?

L: Ela acha que fui eu.

L olha para a caixa, para a fonte de luz. Ela entra na caixa, fecha os olhos.

L: Aí diz pra fazer isso em qualquer lugar?

M: Não.

L: Uau. Os meus pés ainda estão no chão?

M: Sim.

L: Uau. Isso é bom. Experimenta.

M entra na caixa de luz e imita a postura de L. (O tamanho da caixa permite que elas fiquem de frente uma para a outra, com uns trinta centímetros de distância.)

L: O que você tá sentindo?

M: Nada.

L: [*feliz*] É, eu também.

Um momento.

L: Ukuladies.

M: Ukuleladies.

L: É.

M: O que você acha?

L: É divertido.

M: É irônico. No bom sentido.

L: É.

Um momento.

M: Você toca muito bem.

L: Eu não sei se eu quero que a banda seja pra valer.

M: Você tem talento.

L: Não, não tenho.

M: Tem, sim.

L: Talento é necessidade. Eu não tenho necessidade.

M: Você quer desistir?

L: Não, só não quero fazer pra valer, quero me divertir.

M: Você toca muito bem.

L: Acho que tem que precisar. Eu não preciso.

M: Eu acho que eu preciso.

L: Então você deve.

M: Acho que eu quero aprender a tocar guitarra.

L: Então é isso.

M: Você me ensina?

L: Ensino.

Mudança de luz.

L sai.

Mudança de luz para geral.

CENA 8

M se dirige ao público.

M: Deixa eu contar uma coisa sobre aprender a tocar guitarra. É difícil. E machuca. Quer dizer, as nossas mãos não foram feitas pra… [*para fora*] E quantos anos a gente tinha naquela época?

L: [*de fora*] Vinte e poucos, quase trinta.

M: Não. Trinta. Trinta e poucos. Tanto faz. Mas deixa eu contar uma coisa sobre aprender a tocar guitarra. Comecem cedo. É tão bom. Mas você vai precisar ter músculos e ossos jovens. Todo mundo aqui tem um filho, conhece uma criança… no próximo aniversário, dê uma guitarra e algumas aulas de presente. Se pelo menos uma pessoa aqui, essa noite, fizer isso, minha vida vai ter tido algum significado.

L entra com uma guitarra e a entrega para M.

M: Você não tá falando sério.

L: Vamos lá.

M: Eu não sei tocar guitarra.

L: Sabe, sim.

M pega a guitarra da mão de L. Ela pendura a guitarra no ombro. Ela pensa por um instante.

M: Na frente das pessoas, não.

M sai com a guitarra.
L vai à frente pra falar com o público.

L: O tempo passa. Coisas acontecem. Homens aparecem. Homens desaparecem. Ela tem um caso meio sério com um dentista e eu continuo pensando no meu ex. A cada dois meses o meu ex me liga querendo voltar. E eu penso "Por que não?", e então me lembro por que não. A coisa com o dentista termina mal. Ela compra uma gata. Que pelo visto é uma gata por excelência.

M: [*de fora*] Eu tenho fotos.

L: Ela tem fotos.

M: [*entrando*] E então?

M se posiciona, de frente para o público.

M: O tempo passa.

L: Eu me mudo muito. Ela se muda muito. Eu me mudo mais.

M: Verões e mais verões e primaveras e outonos.

Mudança de luz.

L: O Natal do ano 2000.

M: Não o do ano seguinte.

L: Não o do ano seguinte.

M: Você foi pra casa.

M e **L:** [*juntas*] E um, dois, três mais.

L: Cinco verões e invernos e primaveras e outonos. E centenas de manhãs e meias-noites e milhares de longos almoços.

M: Centenas de milhares de almoços.

L: Muitas viagens.

M: E bastante tempo sem emprego, três lojas de discos, alguns trabalhos temporários, duas semanas num restaurante caído, ai meu deus, três garfos, por favor, e uma pequena herança, e uma vez eu escrevi um negócio pra uma coisa, e uns shows que deram uma grana, e uma tonelada de outros shows que não deram nenhuma grana.

L: E algumas peças e outras coisas.

M: Ela fez uns filmes.

L: [*assegurando para a plateia*] Que vocês não viram.

M: E uma briga muito feia.

L: E uma briga muito feia.

Mudança de luz.

L: Assuma a responsabilidade! As coisas não acontecem à toa. A questão não está nos outros. E para de se importar com o que as pessoas pensam! As pessoas só pensam nelas mesmas, se elas pensarem sobre você, é só se for em relação a elas! É só uma forma de se livrar da responsabilidade! Você se livra da responsabilidade e deixa tudo na minha mão! Para de esperar que eu seja a mais forte! Eu não sou forte! Pelo menos uma vez eu quero que você assuma a responsabilidade!

Mudança de luz.

L: Desculpa.

M: Não. Você tava certa.

L: Pelo menos a gente conversou.

M: Pelo menos a gente conversou.

L: E demos muitas risadas.

M: E a Dixie morreu.

L: E a Dixie morreu.

M: Eu tenho fotos.

L: E muitas risadas.

M e L: [*juntas*] Muitas e muitas risadas.

L: E uma saudável cota de estresse.

M e L: [*juntas*] E vamos sair daqui. E como tá a sua bebida? E vamos sair pra dançar. E você tá muito gata! E eu tô muito a fim. E sai pra lá. E tá muito cedo. A vida é muito curta. Vamos nos divertir.

M: E quantas ressacas?

L: Quantos happy hours?

M: Noites de sábado.

M: E terças e quintas e sextas.

L: É, pois é.

M e **L:** [*juntas*] E um time de boliche.

M: Eu conheci aquele dentista.

L: Ela ganhou um troféu.

M: Eu jogo boliche bem.

L: E quantas bandas?

M: E o Kurt Cobain.

L: E o Kurt.

Música: um verso de "All Apologies" passeia pelo espaço e sai.

M: [*suspira*]

L: E quantas bandas.

M e **L:** [*juntas*] Shawn no Dip, Sarah no Lilith, Dave Matthews e Matthew Sweet no parque. The Girls no estádio e Superchunk na Virgínia e o Dylan naquele lugarzinho com 75 pessoas. [*elas urram*]

L: E Ukuleladies.

M: A gente só tocou uma vez.

L: A gente nunca parou. Nós somos a banda!

M: "A banda acabou de deixar o local."

L: E muitas risadas.

M: E a festa à fantasia.

L: Sério?

M: É por causa dela que a gente tá aqui.

L: É por causa dela que a gente tá aqui.

Um momento.

L: Coloca uma música.

M: A gente tem que ir.

A luz se apaga em fade enquanto M e L saem.

CENA 9

L entra colocando uma gravata.

M: [*de fora; chamando Dixie, a gata*] Dixie-Dixie-Dixie-Dixie-Dixie.

L: Talvez você só tenha que deixar a porta aberta.

M: [*de fora*] Eu sou parte da motivação. [*chamando a gata*] Dixie-Dixie-Dixie.

L: A motivação pra quê?

M: [*de fora*] O quê?

L: A motivação pra Dixie fazer o quê?

M: [*de fora*] Entrar.

L: Você pode tentar um pires com leite.

M: [*de fora*] Ha, ha. Dixie.

L: Acho que você ia se sair bem melhor com o pires com leite.

M: [*de fora*] Eu tô vendo ela. Dixie!

L: Tenta o pires com leite.

M entra usando um chapéu de "Ana dos cabelos ruivos", com duas trancinhas.

M: Então, que tal?

L: Bonitinho.

M: Você vai fantasiada de Norman?

L: É.

M: Pra uma festa à fantasia?

L: Por que não?

M: Quanto tempo você gastou com essa ideia?

L: Mais ou menos um minuto. Você tá fantasiada de Bibi Meialonga?

M: Não.

L: Dorothy.

M: Eu tô de Ana Shirley, é óbvio.

L: A órfã? Ela não tinha cabelo cacheado?

M: Não! Não é a Annie, é Ana. Ana dos cabelos ruivos.

L: Ah, sim. Eu gostava mais da Pollyanna.

M: Você dá leite pra Dixie quando cuida dela?

L: O quê?

M: Você dá leite pra Dixie quando cuida dela?

L: Não.

M: Porque ela tem intolerância a laxtose.

L: "Lactose."

M: O quê?

L: Nada.

M: Você dá leite pra ela?

L: Não. Às vezes sorvete.

M: Sorvete?

L: Daquele de iogurte. Uma vez.

M: Isso faz ela passar mal.

L: Sua fantasia é ótima.

M: É só um chapéu. [*olhando pra fora de cena*] Olha quem está aí.

M sai.

M: [*de fora*] Sentiu falta da mamãe? Sentiu falta da mamãe?

L: Vai todo mundo se fantasiar mesmo?

M: [*de fora*] É uma festa à fantasia.

L: Acho que eu devia bolar outra fantasia.

M entra.

M: Não, o Norman vai adorar. Você nem sabe quem é a Ana dos cabelos ruivos, né?

L: Sim. Tem os livros. É um musical.

M: Você já viu?

L: Não.

M: [*chamando, para fora de cena*] Oi, querida. Oi, querida. Vem ver a titia. A titia tá aqui. Vem ver a titia. Vem, querida. Vem cá, querida. Vem ver a titia. Vem ver a titia.

L: Tudo bem. [*acenando pra gata*] E aí, beleza?

L sai.

M: E isso é suficiente pra você, "E aí, beleza"?

L: [*de fora*] É, é suficiente pra mim.

M: A gente é tão diferente.

L: [*de fora*] E isso é ruim?

M: Não.

L volta com uma garrafa de cerveja.

L e M ficam lado a lado olhando pra plateia, noite na varanda. Elas dividem a cerveja.

M: Eu tenho que trabalhar amanhã.

L: E como é que tá indo?

M: É estranho. Temporário típico. Um escritório.

L: É num centésimo andar ou alguma coisa assim?

M: É por aí.

L: Eu te dou um mês.

M: Eu sinto falta do cigarro.

L: Às vezes.

M: A gente parou por quê?

L: Porque a gente quer viver pra sempre?

M: E a gente quer?

L: Não sei.

M: O que você acha que acontece?

L: Quando?

M: Depois?

L: Depois do quê?

M: Mais tarde. Depois de... você sabe.

L: Morrer?

M: É.

L: A gente vai pra um lugar em que a gente fica de pé na beira de um penhasco. Olhando pra uma paisagem infinita de prístinas sequoias ancestrais e colinas com elevações e depressões suaves contornadas por fileiras de bétulas. Entre elas, tem um rio que corre pra se dividir lá na frente. Um braço do rio vai dar num lago cercado de clareiras verdes e olmeiros, e o outro braço vai formar uma cachoeira que deságua num poço de água fresca onde ninguém nunca mergulhou. E então nós estamos lá, somos as primeiras pessoas no mundo a estar lá, nós viramos e vemos alguém, olhamos nos olhos desse alguém e toda a nossa história se passa diante dos nossos olhos. Uma coisa sobre nós mesmas, uma coisa boa sobre nós mesmas. O que nós temos de melhor.

M: Você acha?

L: Na verdade, não.

M: O que você acha que acontece de verdade?

L: Nada.

M: Nada?

L: Isso mesmo.

Um momento.

M: Mas nada é suficiente. Não é?

L: Acho que sim.

Um momento.

L: A gente é meio um casal, né?

M: Um casal de quê?

L: Você tá com medo de quê?

M: Que todo mundo pense que eu tô fantasiada de Dorothy.

M se afasta.

CENA 10

M vai à frente para se dirigir à plateia.

M: E é uma festa à fantasia e eu tô de Ana Shirley e ela tá de Norman e nós vamos pra essa festa. E tem um monte de gente lá.

L: Tem um monte de gente lá, gente que eu não conheço.

M: Ela tá procurando o Norman.

L: Nem todo mundo conhece o Norman, então quando as pessoas me perguntam do que que eu tô fantasiada, a maioria acha que eu tô só com uma roupa idiota. Então eu tô procurando o Norman.

M: Eu recebo vários comentários sobre o meu chapéu, todo mundo entende que eu tô de Ana Shirley.

L: A Sasha também pensou que você tivesse de Dorothy.

M: A Sasha tá na festa.

L: A Sasha tá na festa.

M: Na verdade, eu nunca gostei da Sasha, depois que eu conheci ela. Ela achava que eu tinha muita personalidade.

L: Você tem.

M: Ã-hã. E as pessoas bebem. Tem comida. Isso passa rápido. Algumas pessoas dançam. Mas aí o vizinho reclama que a música tá muito alta, e é difícil dançar quando a música não tá muito alta. Então as pessoas bebem ainda mais. Então eu resolvo dar uma volta e garantir que ninguém vai dirigir. E eu me dou conta de que eu não sabia onde ela tava há um tempão. Mas eu não tinha ido muito na cozinha, então eu vou até a cozinha, mas ela não tá lá.

L: Eu tô lá em cima.

M: Com a Sasha.

L: Com a Sasha.

M: E elas não estão apenas conversando.

L: A gente acabou transando.

M: "Acabou transando?" Tanto faz. E eu entro.

Luz só em M na sequência.

M: Tá escuro, mas eu consigo ver que tem duas pessoas na cama. Uma delas é a Sasha, a outra é ela. O cabelo dela tá todo bagunçado e a camisa dela tá até aqui em cima. E tudo o que eu consigo dizer é: "Abaixa a camisa que eu tô vendo os seus mamilos."

Luz muda para L.

L: O que você tá fazendo aqui? Sai daqui. Sai daqui. Sai daqui.

A luz volta para como estava antes.

M: [*para L*] "O que você tá fazendo aqui, sai daqui?"

L: A gente tava bêbada.

M: Isso não é desculpa.

L: Não.

M tira o chapéu e vai saindo, ela para.

M: E eu continuo afirmando que se ela tivesse pensado em mim por um segundo, só um segundo, em mim, isso não teria acontecido.

L: Por que você tá tão chateada? Porque era a Sasha?

M: Porque era você.

A luz se apaga em fade.

A luz retorna. L e M não se mexeram.

M sai.

L: O tempo passa. Depois daquela noite, não nos falamos. Eu tento, mas ela não quer. E tinha tanta coisa pra dizer e também não tinha nada pra dizer. Como o tempo. O tempo passa tão rápido e...

M entra com a guitarra. L para de falar.

M toca guitarra e canta uma música melancólica/amarga/triste/doce.

M: [*canta*] I'm bitter I'm jaded/ I don't trust my own mother/ To love me and stand by my side/ I shacked up with lovers of all shapes and sizes/ And repeatedly love crashed and died/ So when I say what I say oh please don't take it lightly/ Because I can't believe that it's true/ I'd packed up my bags to move to a pLt/ Where love couldn't break me in two/ I tested the waters with one little toe/ Now I'm ready to make a big splash/ If I had to gamble my *heart on one person/ I know where I'd lay down my cash/ Because you're the one in my only/ The two in my ever/ and if there is such a thing/ you're the four in my ever.*

L sai.

M: [*continuando*] *I'm tired and cranky/ I don't care for people/ Who don't ever say what they mean/ I've wasted my money on psychics and shrinks/ Who don't know the places I've been/ So when I say what I say/ Ne prend pas ce auche/ That's the same line but in French/ I'd taken a beating in the game they call love/ And I was happy to sit on the bench.*

L entra com o casaco, trazendo uma lanterna. M para de tocar.

L: Eu tô feliz que você tenha vindo.

M sai com a guitarra.

L: Eu tinha que parar de ligar. Tava ficando estranho. Você nunca ligava de volta.

M está fora de cena e não responde. L olha para o público por um instante.

L: Você ainda tá trabalhando naquele escritório no 74º andar ou sei lá o quê?

M entra com o casaco, trazendo uma lanterna.

CENA 11

Mudança de luz.

M: Cinquenta e um.

L: Isso tem o quê, um ano? Tá indo bem, então.

M: As pessoas são legais.

Um momento.

M: Eu ouvi dizer que tem urso. Aqui por perto.

L: Onde você ouviu isso?

M: Na recepção. Quando eu cheguei.

L: Eles sempre dizem isso. Acho que eles têm que dizer. É uma regra ou alguma coisa assim.

M: Você nunca viu urso aqui?

L: Não.

M: Mas você já veio aqui?

L: Vim.

Um momento.

L: Você já comeu?

M: Eu comi um negócio na estrada.

L: Eu tentei guardar o lugar do lado da minha barraca. Mas ficou tarde.

M: Eu demorei mais do que eu esperava.

L: Onde tá a sua barraca?

Um momento. M sorri mas não ri.

M: Perto dos banheiros.

Um momento.

L: Eu tô feliz por você estar aqui.

Um momento.

M: Como foi de Natal?

L: Bem. Tranquilo. Muita neve.

Um momento.

L: E o seu?

M: Estranho. A minha mãe morreu.

L: Ai, meu deus, eu nem soube disso.

M: Eu não falei pra muita gente. Eu falo muito com as minhas irmãs pelo telefone. Tá tudo bem.

L: Eu lamento.

M: Não, tá tudo bem. Ficou tudo bem.

Um momento.

L olha para o céu.

L: Tá cheio de estrelas no céu esta noite.

Um momento.

L: É claro que tá cheio de estrelas, a gente tá na floresta. Sei lá por que eu disse isso, eu não tenho a menor ideia de por que eu disse isso. Coisas que as pessoas dizem.

Um momento.

M: Um brinde ao calar a boca.
L: Nada é suficiente.

Um momento.

L: Na verdade, eu sempre pensei nisso no mau sentido. Nada nunca vai prestar. Eu gosto mais do outro jeito. Depois de pensar um pouco. Eu gosto mais do seu jeito. Nada basta. Nada já tá bom.
M: Tudo virou "um brinde ao calar a boca" pra mim.

Um momento.

L: Você tá mesmo sem fome? Porque eu ainda nem comi.
M: Não, eu tô bem. Tô cansada. A gente se vê amanhã.

L: Parece que tem uma caminhada, que passa por dois rios.

M: Eu devo ir embora depois do café.

L: É mesmo?

M: Não é nada, sabe. Eu não tenho o que dizer.

L: Mas...

M: Não foi banal, eu ouvi dizer que você falou que foi banal.

L: Que eu...?

M: Alguém me disse que você pensava isso. Não foi banal. Não pra mim.

L: Eu sei.

Um momento.

L: Por que você não disse nada?

M: O que você queria que eu dissesse?

L: O que você tivesse pensando?

M: O que você queria que eu pensasse?

L: "Será que ela se sente sozinha?"

Um momento.

M: A gente se vê.

L: A gente se vê.

Muda a luz enquanto M sai de cena.

L fica em silêncio.

Mudança de luz.

L vai à frente e se dirige ao público.

L: E tinha tanta coisa pra dizer e também não tinha nada pra dizer. Eu fico impressionada com a verdade que existe nisso. É como o tempo, que pode passar tão rápido e tão devagar, dependendo da sua percepção. Alguns dias se arrastam eternamente até você imaginar que você só tem mais um momento — imagina como os segundos se transformam em horas com esse tipo de informação —, quando você sabe que é o fim.

Um momento.

L: Eu acho que no final das contas, pra mim, eu quero dizer, ela diz "ensine o seu filho a tocar guitarra", eu diria, se eu tivesse que dizer alguma coisa — e já que eu posso, eu teria que dizer: "parem de dar nomes pras coisas." "Eu sou um...", "Nós somos um...", "Ela é uma..." Se a gente pudesse simplesmente deixar as coisas serem o que elas são e ficar numa boa com isso. "Uma amizade." "Um caso de amor." "Uma alma gêmea." Esses são apenas nomes que deixam as outras pessoas confortáveis. As outras pessoas não estão em questão. Ou talvez... Acho que pra mim ela era a questão, nesse momento, de qualquer forma. E o engraçado foi que, o engraçado... foi o medo que juntou a gente, naquele...

M entra com o aparelho de som. L para de falar. M coloca o aparelho entre ela e L.

CENA 12

O texto a seguir toca como um diálogo gravado.

M: *Eu sei que eu tô sendo criança, mas...*

L: *Não, não.*

M: *Eu tenho certeza que eu ouvi alguma coisa perto da minha barraca.*

L: *Não, não, eu tô dizendo que não tem problema, os ursos gostam de ficar no meio das pessoas, mas não tem urso nenhum aqui.*

O diálogo continua no aparelho de som enquanto M sai e volta com a barraca, que ela arma e depois sai outra vez. Ela volta com uma cadeira, depois com outra, que arruma como L fez no começo da peça. Depois, M senta. L sai. Depois de um instante, ela volta com a planta, que coloca do lado da barraca.

M: *Eles estavam falando sobre isso na recepção.*

L: *Tá cheio de gente aqui.*

M: *A parte onde eu tô tá bem vazia.*

L: *Essa parte aqui não tá. Por que as pessoas têm que trazer os filhos pra acampar?*

M: *E você quer que elas façam o quê?*

L: *Sei lá, vai pra Disney.*

M: *Criança gosta de acampar. Eu gostava de acampar.*

L: *É.*

M: *Você continua achando que as pessoas são muito idiotas? Você sempre dizia isso.*

L: *Isso não é verdade.*

M: *É, sim, você sempre dizia isso.*

L: *Você sabe o que você disse uma vez?*

M: *O quê?*

L: *Que as pessoas têm o que elas merecem.*

M: *Eu não acho isso.*

L: *Você disse isso.*

M: *Quando?*

L: *Uma vez.*

M: *Bom, uma vez.*

L: *É o tipo de coisa que você só precisa dizer uma vez.*

M: *Bom, mas eu não penso assim.*

L: *Eu acho que quando eu digo que as pessoas são muito idiotas, eu tô falando de mim mesma. Tomara que eu não seja a única.*

M: *Pensamento positivo.*

L: *É.*

Silêncio.

L: *A gente sempre pode colocar toda a culpa na Sasha.*

M: *Se for bom pra você assim.*

L: *Por que você não disse nada?*

M: *Eu disse uma coisa.*

L: *O quê?*

M: *"Dá pra ver os seus mamilos."*

L acha isso hilário. Escutamos a risada dela por alguns momentos.

M não consegue não rir junto. Elas param e ficam quietas.

L: *Escuta só.*

Ouvimos L passando os dedos pela guitarra.

L canta e toca a música de M. Depois de alguns momentos elas cantam juntas. Ao fundo, ouvimos o som de um grande animal se aproximando, a distância, na floresta. Depois de um tempo, as mulheres escutam, param de cantar e de tocar.

M: *O que foi isso?*

L: *Eu ouvi um barulho.*

Elas ficam quietas.

M: *O que foi isso?*

L: *Deve ser aquele gordo que tá um pouco mais pra lá, ele chegou hoje de tarde.*

M: *Acho que não foi isso, não... Escuta.*

Ouvimos o que parece ser um animal se aproximando, não muito perto.

L: *A gente devia ir até a recepção.*

M: *Acho que a gente devia ir até a recepção.*

L: *E se for?*

M: *O quê?*

L: *Não, vamos até a recepção, pega uma cadeira.*

Ouvimos a barraca se abrindo e as mulheres saindo.

M: *Pega uma cadeira?*

L: *Pra gente levar, se precisar, pra você parecer maior.*

M: *Tá, tá. E pra fazer barulho.*

L: *E pra fazer barulho. [preocupada] Pega uma cadeira, pega uma cadeira!*

Blecaute.
O urso ruge ferozmente.

EPÍLOGO

A luzes se acendem. Elas estão sentadas nas cadeiras. M de frente para o público, L observa M.

M: O que você tá vendo?

L: O que você tá vendo?

M: Uma paisagem infinita de prístinas sequoias ancestrais e...

L: E colinas com elevações e depressões suaves contornadas por fileiras...

M: Fileiras de bétulas.

L: E entre elas tem?

M: Um rio.

L: Que corre pra se dividir lá na frente.

M: Um braço do rio vai dar...

L: Num lago cercado de clareiras verdes e...?

M: Olmeiros. E...

L: E o outro braço do rio vai formar uma cachoeira que deságua num poço de água fresca onde ninguém nunca mergulhou.

M: E então nós estamos lá, somos as primeiras pessoas no mundo a estar lá.

M olha para L.

M: E a história.

L olha na direção do público.

L: Uma coisa sobre mim, uma coisa boa sobre mim.

L olha para M.

M: O melhor de mim.

A luz sai em fade, blecaute.

FIM

IN ON IT
de **Daniel MacIvor**

Tradução de Daniele Avila Small

In On It estreou na Escócia, no Traverse Theatre, em Edimburgo, em julho de 2000, produzido pelo Traverse Theatre e pela da da kamera.

Elenco
ESSE AQUI: Daniel MacIvor
AQUELE ALI: Darren O'Donnell

Direção
Daniel MacIvor

Cenário e figurino
Julie Fox

Iluminação
Kimberly Purtell

Produção
Sherrie Johnson

In On It estreou no Brasil no Teatro Oi Futuro, no Rio de Janeiro, em 26 de março de 2009.

Elenco
ESSE AQUI: Fernando Eiras
AQUELE ALI: Emílio de Mello

Direção
Enrique Diaz

Cenografia
Domingos de Alcântara

Figurinos
Luciana Cardoso

Iluminação
Maneco Quinderé

Música
Lucas Marcier

Coreografia
Mabel Tude

Consultoria de movimento
Marcia Rubin

Técnica Alexander
Valéria Campos

Realização
Enrique Diaz

In On It tem três realidades distintas (que se sobrepõem e se cruzam): a PEÇA, o ESPETÁCULO e o PASSADO. A PEÇA é a história de Ray: muitas vezes, parece que ela acontece num ambiente bastante teatral e artificial. O ESPETÁCULO: o que está acontecendo aqui, agora, esta noite, e consiste basicamente em Esse Aqui e Aquele Ali discutindo a PEÇA e seu desenvolvimento e, de vez em quando, sua relação amorosa. E o PASSADO consiste em Esse Aqui e Aquele Ali se conhecendo e se tornando amantes.

Antes do espetáculo: um espaço vazio muito iluminado. Duas cadeiras pretas, simples, colocadas lado a lado no fundo do palco, à esquerda. Há um casaco no centro do palco, como se tivesse sido deixado ali por acaso. A música que ouvimos nesse prólogo é uma coleção de canções da Lesley Gore. A última música que ouvimos é "Sunshine Lollipops". Na batida final dessa música, a plateia e o palco mergulham na escuridão. Apenas o casaco continua iluminado por um foco. Ficamos em silêncio com essa imagem durante vários segundos, até que:

Escutamos Maria Callas cantando uma ária da cena da loucura de Anna Bolena, de Donizetti. No escuro, vemos a imagem de um homem com uma camisa branca (ou de uma cor clara) e uma gravata. Ele entra no palco devagar, vindo da coxia. Esse é Brian. Brian chega perto do casaco. Ele fica olhando para o casaco. Devagar, ele pega e depois veste o casaco. Enquanto se ajeita, ouvimos o início de um cantar de pneus. A ária é brutalmente interrompida por um som agudo. A luz muda subitamente para um foco em Brian, no momento em que ele olha para a plateia. Ele se dirige ao público.

BRIAN: Algumas coisas acontecem porque foram cuidadosamente planejadas: duas pessoas se casam, alguém constrói um barco, uma pessoa escreve uma peça. Coisas que acontecem entre listas de convidados, letras miúdas e revisões. E também existem coisas que fogem do nosso controle. Coisas que se enfiam na nossa vida. Coisas que simplesmente acontecem. Coisas arbitrárias e aleatórias que podem mudar sua vida e que parecem não fazer nenhum sentido, coisas que precisam que a gente invente um sentido pra elas. Muitas coisas. Pequenas coisas: a música que o nosso amor escuta; coisas maiores: a forma como podemos perder o chão debaixo dos nossos pés, como se alguém tivesse puxado o nosso tapete; coisas imensas: o Mercedes azul.

Não posso nem imaginar, mas quando eu imagino, é assim: você tá dirigindo seu carro pra resolver algumas coisas; você tem que trocar ingressos, pegar uma receita pra enxaqueca de alguém, o de sempre. Você resolve pegar a autoestrada pra ganhar tempo, com a sua grande máquina, poderosa e veloz, sendo ultrapassado por várias outras grandes máquinas, poderosas e velozes, dirigidas por pessoas cujo nível de saúde mental ou de álcool no sangue você desconhece. Esse é um pensamento preocupante, você liga o rádio. Porcaria. Porcaria. Mais porcaria. Porcaria. Algo familiar. Porcaria. De volta para algo familiar. Você não consegue mais achar. Onde era? Cento e um ponto o quê? Ou... antes do esporte, depois do metal. É essa! E naquele mísero instante em que você tira a atenção por um segundo da grande máquina que você tem nas mãos, o outro cara entra na sua rua, você levanta a cabeça e só tem tempo de ver os faróis do Mercedes azul.

Brad fala, ele está no escuro.

A luz muda lentamente do foco de Brian para a luz do ESPETÁCULO.

BRAD: Você acha bom começar assim?

Brad entra, vindo do escuro, e se coloca bem próximo à extremidade do foco.

BRAD: Você acha bom começar assim?
BRIAN: Começar o quê?

Brad entra na luz.

BRAD: O espetáculo.
BRIAN: Não é um espetáculo, é uma peça.

Brian vai em direção ao fundo do palco e pega uma das cadeiras. Ele leva a cadeira até a frente do palco.

BRAD: Ah. [*para a plateia*] Oi. [*para uma pessoa*] Ei!
BRIAN: Você tá aqui pra ajudar ou…?
BRAD: Ah. Claro. Desculpa.

Brian coloca a cadeira na frente do palco, no centro, de frente para a plateia.

BRIAN: Agora podemos começar.

BRAD: Ainda não começamos?

Brian tira o casaco e o oferece a Brad. Brad aceita e veste o casaco.

BRIAN: Agora estamos começando.

Brian se afasta e se posiciona no fundo do palco, à direita, de frente para a plateia. Brad senta na cadeira.

Luz muda rápido para a ambientação da PEÇA (dois focos). Brian faz o médico. Brad faz o Ray.

Som da batida de um coração, abafada, que continua ao longo da cena.

MÉDICO: Bom dia, Ray.

RAY: Bom dia, doutor.

MÉDICO: Como foi o seu fim de semana?

RAY: Bem. Você sabe, na medida do possível.

MÉDICO: Na medida do possível?

RAY: Eu não tô conseguindo dormir.

MÉDICO: É mesmo?

RAY: É só que eu ando nervoso... sonhos. Muitos sonhos. Eu fico tendo o mesmo sonho, com um barco de concreto. Eu tô nesse barco — dos grandes, sabe, praticamente um navio. E ele tá flutuando num tipo de canal e é de concreto. Blocos de concreto, placas de concreto. Eu fico pensando que ele vai afundar — mas ele não afunda. É um pouco irritante. O que você acha disso?

MÉDICO: Bem...

RAY: Sonhar com barcos de concreto.

MÉDICO: Não é a minha praia, na verdade.

RAY: Como assim?

MÉDICO: Não é a minha especialidade.

RAY: Certo.

MÉDICO: Mas tem uns livros, sabe, sonhos, você sabe, dicionários...

RAY: Certo.

MÉDICO: Você tem um barco?

RAY: Não.

MÉDICO: Talvez isso queira dizer que você deve comprar um barco.

RAY: Será que eu devo?

MÉDICO: Como vai a Brenda?

RAY: Bem. Ela tá pensando em voltar a estudar.

MÉDICO: Ah, é?

RAY: Ela não se formou. É uma coisa para se ocupar... Ela também voltou a frequentar a igreja. Acho que é coisa da idade. Ou... Acho que sim.

MÉDICO: E o Miles terminou os estudos?

RAY: Não, saiu, ele tá trabalhando.

MÉDICO: Em quê?

RAY: Publicidade.

MÉDICO: Publicidade? É mesmo? Profissional.

RAY: Eu sei. Parece que foi ontem que eu tava ensinando ele a andar de bicicleta e agora ele tá acabando comigo no squash.

MÉDICO: É assim mesmo. E o seu pai, tá bem-acomodado no retiro?

RAY: Ah, sim. O carro também vai bem e o jardim tá ótimo.

MÉDICO: Ha, ha, ha.

RAY: Como é que eu tô?

MÉDICO: Você quer alguma coisa?

Som: a batida de coração acelera.

RAY: Como?

MÉDICO: Você quer que a Eileen te sirva alguma coisa?

RAY: Como assim?

MÉDICO: Um copo d'água ou…?

RAY: Ah. Não. Obrigado. Não.

MÉDICO: Raymond.

RAY: O quê?

MÉDICO: Eu tava dando uma olhada no resultado dos seus exames. Não tem nada conclusivo… vamos precisar fazer mais alguns exames antes de dizer o que está realmente acontecendo.

RAY: O que pode estar acontecendo?

MÉDICO: Estamos diante de algumas possibilidades.

RAY: Que incluem...?

MÉDICO: Eu estou preocupado.

RAY: Você está preocupado.

MÉDICO: Eu queria que você ficasse uns dias no hospital.

RAY: No hospital?

MÉDICO: Os exames são um pouco demorados.

RAY: Quando?

MÉDICO: Esta semana, se a gente conseguir.

RAY: Já?

MÉDICO: Seria melhor, sim.

RAY: Ei, ei, ei. O que você tá me dizendo?

MÉDICO: Estamos diante de algumas possibilidades.

RAY: E qual seria a pior delas...?

MÉDICO: Eu não posso...

RAY: Eu tô doente?

MÉDICO: Ray. É assim: você tem que ser forte e pensar positivo. É isso o que você tem que fazer.

RAY: Ah, meu deus.

MÉDICO: Quanto à questão do sono, eu posso te dar alguma coisa se você quiser.

RAY: Ah, meu deus.

MÉDICO: Você quer um copo d'água?

RAY: Ah, meu deus.

MÉDICO: Nós ainda não sabemos nada.

RAY: Nós quem?

MÉDICO: Como?

RAY: "Nós ainda não sabemos nada." Quem é esse "nós"?

MÉDICO: Hm... Você e eu.

RAY: Mentira. É claro que eu não sei nada. Eu não tenho que saber nada, é assim que funciona. Eu não faço parte do seu "nós". Quem é esse "nós"? Você e quem? Você e todos os outros médicos? Você e todas as pessoas saudáveis? Você e a Eileen? Ela é burra, viu. Você sabe que ela é burra? Sua recepcionista é burra. Ela não consegue se lembrar do meu nome. Eu venho aqui há mais tempo do que ela trabalha com você e ela não consegue se lembrar do meu nome. Isso é pura burrice. Ou malícia. Mas ela não parece ser inteligente o suficiente pra ter malícia.

MÉDICO: Como foi o seu fim de semana? Raymond, você está chateado e isso é perfeitamente compreensível.

RAY: Você tá se divertindo com isso, não tá?

MÉDICO: Como assim?

RAY: Você. Você tá adorando. Você tá podendo fazer o papel de "médico". É isso que tá acontecendo, não é?

MÉDICO: [*pequena risada nervosa*] Ray, vamos voltar atrás um segundo nessa história, pode ser?

RAY: Olha só pra você, você tá adorando, você tá rindo.

MÉDICO: Eu não estou... Ray, você só está chateado, isso é normal.

RAY: Ah, cala a boca. Quem você acha que é? Marcus Welby? Um George Clooney da vida?

MÉDICO: Tá legal, Raymond.

RAY: E o jaleco significa o quê? Que ridículo. Vai dizer que você acabou de vir do laboratório? Pra quem você tá exibindo esse jaleco? Praquela vaca da sua recepcionista burrinha e arrogante que fica ali na frente?

Som: a batida do coração está o mais rápido possível.

Nota: a camisa branca — ou de cor clara — de Brian representa o jaleco.

MÉDICO: Sr. King.

RAY: Você é patético. Aposto que você usa isso na rua. Aposto que você planeja excursõezinhas até a lanchonete só pra poder usar o jaleco na rua. Você fica se vendo no reflexo das vitrines. Você não é o máximo? Meu deus, eu tenho pena de você. Você é um idiota.

Silêncio.

Som: a batida do coração volta ao normal.

MÉDICO: Você quer um copo d'água?

RAY: Quero, por favor.

Brian sai do foco do médico.

Som e luz mudam rápido para a ambientação do ESPETÁCULO. Brian vai em direção à cadeira no fundo do palco à esquerda.

BRAD: E aí?

Brian para.

BRIAN: O quê?

BRAD: Como foi?

BRIAN: Como assim, como foi?

BRAD: Eu fiz bem o Ray?

Brian olha para a plateia por um instante.

BRIAN: Acho que essa realmente não é a hora pra falar disso.

Brian vai até o fundo do palco e pega a segunda cadeira. Ele a coloca no fundo do palco, à direita, de frente para a plateia.

BRAD: Eu só tô perguntando. Você acha que eu dei conta?

BRIAN: Deu conta…?

BRAD: É.

BRIAN: Deu, sei lá.

BRAD: Então tá, eu vou continuar fazendo o que eu tô fazendo.

BRIAN: Hm.

BRAD: O quê?

BRIAN: É só que não é que o Ray esteja com raiva.

Brad se levanta, Brian pega a cadeira em que Brad estava sentado e coloca-a no fundo do palco à esquerda, de frente para a plateia.

BRAD: Ele não tá com raiva.

BRIAN: Não.

BRAD: Ele tá furioso.

BRIAN: Ele não tá furioso.

BRAD: "Um George Clooney da vida."

BRIAN: E daí?

Brian senta na cadeira que ele acabou de posicionar à esquerda do palco.

BRAD: "A vaca da sua recepcionista burrinha e arrogante."

BRIAN: Não, eu sei, mas...

BRAD: Como é então?

Brad tira o casaco e o oferece a Brian.

BRAD: [*continuando*] Como é?

Brian olha para a plateia por um instante, depois pega e veste o casaco enquanto vai em direção à cadeira que está à direita do palco. Brad se posiciona, pronto para se sentar na cadeira que está à esquerda. (É no momento em que ele coloca o casaco, que Brian — que não está sendo visto pela plateia — pega um lenço do bolso do casaco e coloca-o na palma da mão esquerda.)

BRIAN: Assim.

Luz muda rápido para ambientação da PEÇA — foco só em Brad.
Som: um restaurante cheio na hora do almoço.
Brad fala enquanto se senta. Ele agora faz o Miles.

MILES: Pai? Desculpa o atraso. Droga de chuva. Pai? Ray?

Luz muda rápido para ambientação da PEÇA, foco em Brian.
Brian fala enquanto senta. Ele agora faz o Ray.

RAY: Ah. Miles. Sim. Oi. Desculpa.
MILES: Desculpa o atraso.
RAY: Sem problema.
MILES: Um saco essa chuva...

RAY: É.

MILES: Era pra estar fazendo sol.

RAY: Era?

MILES: Esse cara da previsão do tempo não sabe nada. Não sei de onde eles tiram essa porra dessa previsão... Aí eu não saio de guarda-chuva de manhã e tenho que comprar um na rua... e a gente deve ter uma meia dúzia em casa.

RAY: É, pois é...

MILES: Você pediu? Pai?

RAY: O quê?

MILES: Você pediu?

RAY: Ah. Não.

MILES: O tortellini é péssimo, a berinjela é empapada, a sugestão do dia é congelada. E os pratos especiais de especial não têm nada...

RAY: Miles?

MILES: O quê?

RAY: Como tá o trabalho?

MILES: Uma piada. Sabe o que o Blanchard disse pra mim hoje de manhã? "Nós temos que fazer o plástico ficar divertido outra vez." O quê? Alô? Divertido? Aquele pato velho arranjou um cliente pra gente que é um dos maiores fabricantes de plástico — nenhuma outra agência no Hemisfério Ocidental se associaria a esses caras, sem dúvida. O mundo tá a dez minutos de uma implosão tóxica, tem skatistas comandando multinacionais, a direita tá a ponto de abraçar a maconha como a nova fibra milagrosa e ele quer que o plástico seja divertido outra vez. E, de qualquer maneira, as pessoas não estão mais interessadas em diversão, elas querem funcionalidade. Ah, a vitela não é ruim.

RAY: Eu fui ao médico ontem, tenho que fazer uns exames.

MILES: É? Eu tenho que dar uma olhada nesse sinal. Você acha que tá normal isso? Na verdade, olhando agora acho que tá tudo bem — deve ser culpa daquelas lâmpadas ridículas na droga do banheiro. A Julie insiste em escolher a menor voltagem que ela encontra... que é o quê, vinte e alguma coisa? Quando o assunto é envelhecimento, ela acha que se não dá pra ver é porque não tá acontecendo. Ah, sim, olha, a gente tem ingressos pra ópera no Municipal na semana que vem e não vai dar pra gente ir. Eu ouvi a mamãe falar alguma coisa sobre isso. Vocês ficariam a fim? Eu adoraria ir, mas a Julie tem o grupo de francês. Não sei por que ela não anota essas coisas. Bom, na verdade ela anota, mas... Ok, sabe o quê? Ela finge que faz listas. Tá, na verdade ela faz listas, mas ela nunca olha as listas de novo — ela não consulta as listas —, ela nunca risca nada lá. O que é isso, então? Isso não é uma lista. É só um pedaço de papel com algumas palavras escritas. Uma lista tem que ser atualizada, alterada, conferida. É isso que faz uma lista ser uma lista. E ela vive perdendo as listas. Eu sei disso porque eu vivo encontrando essas listas. Desculpa, mas é que existem pessoas que fazem listas e pessoas que perdem coisas — são características que se excluem mutuamente. Eu quero dizer: "Vamos encarar os fatos, Julie!" Sabe? "Vamos voltar para a Terra, Julie!"

Ray baixa a cabeça e começa a chorar.

MILES: Pai? O que tá acontecendo? Pai? Para com isso. Pelo amor de deus. Pai, você tá fazendo uma cena.

RAY: Eu tô doente.

MILES: O quê?

RAY: Eu tô doente.

MILES: Não, você não tá doente, para com isso.

RAY: Eu tenho que ir pro hospital.

MILES: Pra quê?

RAY: Pra fazer uns exames.

MILES: Exames. Exames são só exames. As pessoas fazem exames o tempo todo.

RAY: Eu tô doente.

MILES: Doente quanto?

RAY: Eles não sabem.

MILES: Bom, os exames vão dizer. Exames. Então eles encontram a coisa, depois eles examinam a coisa e depois eles consertam a coisa. Pai? Não é assim? Vamos lá. Vem cá.

Miles levanta a mão esquerda vazia para a plateia. Ray levanta a mão na direção da plateia e revela o lenço que estava na palma da sua mão — um efeito que indica que Miles ofereceu um lenço para Ray.

MILES: [*continuando*] Seu nariz tá escorrendo.

Silêncio.

MILES: [*continuando*] Por que a mamãe não me telefonou?

RAY: Eu ainda não contei pra ela.

MILES: Pra quem você contou?

RAY: Pra ninguém. Só pra você.

MILES: Você contou pra mim primeiro? Por que você contou pra mim primeiro? Não vem contar essas coisas pra mim primeiro, não. Eu não sou bom nisso. Não me conta essas coisas primeiro, tá?

RAY: Desculpa.

MILES: Tudo bem, é só pra você saber.

RAY: Desculpa.

MILES: Conta pra mamãe. Não diz pra ela que você me contou. Só conta pra ela. Diz que você tá contando pra ela primeiro. Ela ia querer, sabe, que você contasse pra ela primeiro. Conta pra ela primeiro, aí ela vai me ligar e eu vou conversar com ela, e aí vai ficar tudo bem. Tá? Tá, pai?

RAY: Tá.

MILES: Vamos beber alguma coisa? Você quer beber alguma coisa?

RAY: Claro.

MILES: Eu tô com um pouco de fome. E você? Tá com fome?

RAY: Eu comeria alguma coisa...

MILES: Eu tô com bastante fome.

RAY: Como é a vitela?

MILES: Excelente.

Miles olha pela janela.

MILES: [*continuando*] Que merda!...
RAY: O quê?
MILES: Parou de chover! E eu comprei a merda do guarda-chuva.

Som sai em fade.

Uma pausa desconfortável. Brian se levanta, luz muda rápido para a ambientação do ESPETÁCULO.

BRAD: [*para a plateia*] Não acaba muito bem.
BRIAN: [*para Brad*] O quê?
BRAD: Nada. E ainda tem um negócio de uma ópera.
BRIAN: É.
BRAD: Então a gente vai ficar esperando ouvir um trecho de uma ópera? Além do que já vai ter?
BRIAN: Tem algum problema?
BRAD: Não.
BRIAN: Que bom.
BRAD: Então, por que a Julie é uma idiota?
BRIAN: A Julie?
BRAD: A mulher.
BRIAN: É, eu sei. O que tem ela?
BRAD: Ela é basicamente uma idiota.

BRIAN: Não necessariamente.

BRAD: A gente não chega a conhecer ela não, né?

BRIAN: Não.

BRAD: Tudo o que a gente sabe é o que Miles diz sobre ela?

BRIAN: Então?

BRAD: Então.

BRIAN: Então.

BRAD: Então ela é basicamente uma idiota.

BRIAN: Eu não vejo isso.

BRAD: E o que a Julie representa?

BRIAN: A Julie não é importante, ela é um personagem secundário.

BRAD: Mas ela tem que representar alguma coisa.

BRIAN: Não.

BRAD: E a Elaine?

BRIAN: Quem?

BRAD: A Elaine, a secretária.

BRIAN: A Eileen.

BRAD: A Eileen, é.

BRIAN: A recepcionista.

BRAD: E ela é o quê? Burra?

BRIAN: Aonde você quer chegar?

BRAD: As mulheres não são retratadas de forma muito positiva.

BRIAN: Como assim?

BRAD: Nada, é só que algumas pessoas podem achar que você tem problemas com as mulheres.

BRIAN: Eu não tenho problemas com as mulheres.

BRAD: Eu não tô dizendo que você tem, eu só tô dizendo...

BRIAN: Se alguém tem problema com mulher, essa pessoa é você.

BRAD: Eu?

BRIAN: É.

BRAD: Em que sentido?

BRIAN: Em vários sentidos.

BRAD: Por exemplo?

BRIAN: Por exemplo... Quando a Kate trouxe a... a como-é-mesmo-o-nome pra conhecer a gente...

BRAD: A Emma?

BRIAN: Não.

BRAD: A Laura?

BRIAN: Não, aquela com as tatuagens e um osso no nariz.

BRAD: A Gwen. Não era um osso.

BRIAN: A Gwen. Quando a Kate apresentou a Gwen, [*para a plateia*] a gente tava jantando e Aquele Ali começou a falar sobre... lubrificação.

BRAD: Sobre o quê?

BRIAN: Lubrificação... vaginal...

Brian pega a cadeira em que estava sentado e a coloca no fundo do palco, na extrema direita, de frente para o lado esquerdo do palco.

BRAD: [*para a plateia*] Ejaculação feminina.

BRIAN: É, e coisas desse tipo, sim.

BRAD: Eu acho até que ela ficou um pouco excitada, na verdade.

BRIAN: Ah, que meigo.

BRAD: O que tem de tão potencialmente ofensivo nisso?

BRIAN: Ah, qual é?

BRAD: Não, sério.

Brad se levanta. Brian se aproxima de Brad, pega a cadeira em que Brad estava sentado e a coloca no fundo do palco, na extrema direita, bem ao lado da cadeira que ele acabou de posicionar.

BRIAN: Você não sabe de onde a pessoa veio, quais são as experiências particulares dela, como ela se afeta com as coisas.

BRAD: Era só uma conversa.

BRIAN: Ela podia ser religiosa.

BRAD: As religiosas também gozam.

BRIAN: Ela podia ter questões.

BRAD: Como o quê?

BRIAN: Como sei lá o quê.

BRAD: Você é tão status quo.

BRIAN: O que significa isso?

BRAD: Você tá lidando com as coisas a partir de uma ideia de que os homens são assim e as mulheres são assado, que logo vai dar em…

BRIAN: Ah, por favor.

BRAD: Que os negros são assim e os árabes são assim.

BRIAN: E lá vamos nós.

BRAD: A questão é que se você tá apresentando as mulheres como fúteis e pouco inteligentes, você tá alimentando o status quo que sempre apresenta as mulheres como fúteis e pouco inteligentes. Eu não devia precisar te dizer isso.

BRIAN: Você não devia precisar me dizer isso?

BRAD: Não, é só que… Desculpa.

Brian tira o casaco e mostra para Brad.

BRIAN: A Brenda não é pouco inteligente.

Brad pega e veste o casaco.

BRAD: Ela é péssima com o Ray.

Brad e Brian se posicionam no proscênio, à esquerda e à direita, de frente para a plateia.

BRIAN: Todo mundo é péssimo com o Ray, essa é a questão.

Luz muda rápido para a ambientação da PEÇA (dois focos).

Som: ópera distante, no rádio.

Brian faz Brenda, Brad faz Ray.

Nota: para fazer Brenda, Brian cruza um braço sobre o peito e mantém o outro sobre o pescoço. Ao fazer isso, Brian está fazendo duas coisas: está conferindo a Brenda um toque de elegância feminina e também está escondendo a gravata.

RAY: Brenda?

BRENDA: Você tá atrasado.

RAY: Eu almocei tarde, com o Miles.

BRENDA: Como vai o Miles?

RAY: Bem. Ele disse que tem uns ingressos pra uma ópera, caso você se interesse. Uma coisa que você queria ver?

BRENDA: Ah, o Puccini.

RAY: Acho que sim.

BRENDA: Eu ouvi dizer que tá exagerado.

RAY: Exagerado?

BRENDA: Carregado nas tintas. Sem sutileza.

RAY: Ah. Sei.

BRENDA: Parece que um diretor latino-americano ambientou a ópera numa fábrica de peixe ou numa fazenda de frutas, ou algo assim.

RAY: Você andou bebendo?

BRENDA: Ah, cala a boca, Ray.

RAY: Desculpa.

Silêncio.

RAY: [*continuando*] Brenda? Nós precisamos conversar.

BRENDA: Sim, precisamos, eu sei, isso é ridículo, por que é que nós nos damos ao trabalho? Por que é que nós chegamos a tentar? Na verdade nós nem tentamos, é isso, não é? Não tentamos, dizemos que vamos tentar, com a melhor das intenções, a melhor das intenções, mas não tentamos. Eu olho pra você, Ray, e sinto... [*longo suspiro*] amor, eu acho. Mas está estático, está dormente, não existe nada se movendo aqui dentro além de... preocupação com você. E quanto mais tempo eu vivo assim, menos eu me importo. Eu tô entregando os pontos.

RAY: Brenda, posso dizer uma coisa? Eu realmente preciso dizer uma coisa.

BRENDA: Eu tô tendo um caso.

RAY: O quê?

BRENDA: Com o Terry Burke.

RAY: Quem é Terry Burke?

BRENDA: O marido da Pam Ellis.

RAY: Quem é Pam Ellis?

BRENDA: A mãe do Lloyd.

RAY: O Terry?

BRENDA: Sim.

RAY: O evangélico?

BRENDA: Não tem nada de errado em ser evangélico, Ray.

RAY: Jesus...

BRENDA: Exatamente.

RAY: Com quem eu tô falando?

BRENDA: Ele é um homem bom.

RAY: E um hipócrita. Há quanto tempo? Quanto tempo?

BRENDA: Quase um ano.

RAY: Ah, que meigo.

BRENDA: Ele contou para a Pam ontem, e vai passar o dia com o Lloyd hoje.

RAY: O quê?

BRENDA: Me desculpa, Ray, mas a minha vida se abriu, eu quero terminar. Eu vou levar algumas coisas, eu te ligo depois...

Brenda se vira para Ray.

BRENDA: [*continuando*] O que você queria dizer?

Ray se vira para Brenda.

RAY: Existe barco de concreto? Barco de concreto flutua? Parece que não. Acho que afunda.

Brenda se vira para a frente.

BRENDA: Eu não tenho a menor ideia.

Silêncio.
Brian deixa os braços caírem ao longo do corpo.
Luz muda rápido para a ambientação do ESPETÁCULO. Som sai.

BRIAN: Viu? A Brenda não é pouco inteligente.

BRAD: Ela é uma bêbada.

BRIAN: Ela não é uma bêbada. Ela só bebeu um pouco...

BRAD: Ela é uma bêbada.

BRIAN: Ela tá chateada. Tá confusa.

BRAD: O que vem depois?

Brad e Brian trocam de posição no palco.

BRIAN: [*para a plateia*] Uma bela música.

BRAD: Claro.

BRIAN: [*calmamente, para Brad*] Algum problema?

BRAD: Não.

BRIAN: Ótimo.

BRAD: Ótimo.

BRIAN: [*continuando, para a plateia*] Maria Callas...

Som: Maria Callas a distância, transição para um campo: pássaros; um avião, em determinado momento, voa ao longe.

BRIAN: [*continuando*] ...cantando a cena da loucura de Anna Bolena, de Donizetti. Anna está a caminho da execução, ela para por um momento e, numa ária sublime, reconta as alegrias simples da sua infância.

Brian se posicionou no fundo do palco, à esquerda.

BRAD: E então?

BRIAN: Um campo. Terry e Lloyd.

BRAD: Posso fazer o Lloyd?

BRIAN: Claro.

Brad amarra o casaco na cintura.

Brian joga uma bola imaginária na plateia.

Luz muda para ambientação da PEÇA.

Brad faz o Lloyd. Brian faz o Terry.

Lloyd pula para pegar a bola, erra. Vai pegar a bola atrás de si até chegar a um foco no fundo do palco, à esquerda, onde vai fazer a cena.

LLOYD: Desculpe, Terry.

Lloyd joga a bola de volta.

Nota: os dois fazem a cena jogando e pegando a bola na direção da plateia.

Som: cada vez que um deles pega a bola, ouvimos o som dela batendo numa luva de baseball, quando Lloyd erra, ouvimos a bola batendo no chão e rolando pelo cascalho.

LLOYD: [*continuando*] Você sabe que existem seis bilhões de pessoas no planeta e quatro ponto seis bilhões de pessoas vivem em absoluta pobreza?

TERRY: Uau.

Terry pega a bola, joga de volta.

LLOYD: Então, mais ou menos vinte por cento da população tem oitenta por cento da riqueza e oitenta por cento da população têm mais ou menos vinte por cento da riqueza?

Lloyd pega a bola, joga de volta.

TERRY: É bastante coisa, né?

Terry pega a bola, joga de volta.

LLOYD: E se você estiver falando de pessoas ricas, ricas mesmo...

Lloyd pega a bola, joga de volta.

LLOYD: [*continuando*] ...deve ter só uns trezentos bilionários no planeta, então quase nenhum...

Terry pega a bola, joga de volta.

TERRY: Deve dar pra colocar todos eles nesse campo.

Lloyd pega a bola, joga de volta.

LLOYD: É, e dá pra matar todos eles!

Terry pega a bola.

TERRY: Peraí...
LLOYD: Tô brincando, Terry.

Terry joga a bola de volta. Lloyd pega.

LLOYD: [*continuando*] Além do mais, hm, também tem comida suficiente pra todo o mundo no planeta... não tem necessidade de ter gente com fome...

Lloyd joga a bola de volta.

LLOYD: [*continuando*] ...mas deixar comida apodrecer é mais viável economicamente para as pessoas que...

Terry pega a bola.

LLOYD: [*continuando*] ...as pessoas que...

Terry joga a bola de volta, Lloyd pega.

TERRY: Que ganham dinheiro com isso.
LLOYD: É.

Lloyd joga a bola de volta. Terry pega.

LLOYD: [*continuando*] Você sabia que um norte-americano produz mais lixo que vinte chineses?

Terry joga a bola de volta. Lloyd não consegue pegar.

LLOYD: [*continuando*] Desculpa, Terry.

Lloyd sai da luz pra pegar a bola. Terry se vira de forma a ficar de frente para Lloyd.

TERRY: Seu braço é forte, mas você não consegue pegar nada.

Lloyd volta com a bola. Ele está de frente para Terry. Até o momento indicado, os dois falam diretamente um para o outro.

LLOYD: O quê?

TERRY: Seu braço é forte.

Lloyd sorri. Silêncio.

TERRY: [*continuando*] Eu tô indo embora.

LLOYD: O quê?

TERRY: Eu tô indo embora.

LLOYD: Embora para onde?

TERRY: Não, embora embora. Vou dar um tempo. Me mudar.

LLOYD: Dar um tempo?

TERRY: Sua mãe e eu precisamos de espaço.

LLOYD: O que você tá dizendo?

TERRY: Essas coisas acontecem, Lloyd.

LLOYD: Sei.

TERRY: Mas eu queria dizer que foi ótimo passar esse tempo com você. Eu aprendi muita coisa boa com você. E também não é como se eu fosse desaparecer, ou coisa assim. Eu vou estar por aí. Vamos manter contato.

LLOYD: Você acha que o meu pai vai voltar?

TERRY: Eu acho que não.

LLOYD: É, eu também.

Lloyd se vira para a frente.

Terry se vira para a frente.

Eles continuam a jogar a bola um para o outro, como antes.

TERRY: Ei! Você conhece os apóstolos. Você se lembra dos nomes?

Lloyd joga a bola para Terry.

LLOYD: João.
TERRY: Bom.

Terry joga a bola para Lloyd.

LLOYD: Pedro. André. Mateus.

Lloyd joga a bola para Terry.

TERRY: Já foram quatro.

Terry joga a bola para Lloyd.

LLOYD: Tiago e Simão.
TERRY: Seis.

Lloyd joga a bola para Terry.

LLOYD: Filipe e Tomé.

TERRY: Oito.

Terry joga a bola para Lloyd.

LLOYD: Judas.

Lloyd joga a bola para Terry, com força, Terry quase não consegue pegar.

TERRY: Faltam três.

Terry joga a bola para Lloyd.

LLOYD: Tadeu. Bartolomeu.

TERRY: Mais um.

Lloyd joga a bola para Terry.

LLOYD: O outro Tiago.

Terry pega a bola e a mantém consigo.

TERRY: Tiago o quê?

LLOYD: Tiago Afonso?

TERRY: Não! Tiago Alfeu. Viu só? Você aprendeu coisas boas comigo também.

Terry joga a bola para Lloyd. Lloyd nem tenta pegar. A bola bate no chão.

Silêncio.

LLOYD: Não é como se você fosse meu pai de verdade, ou alguma coisa assim.

TERRY: Não.

Os dois ficam em silêncio por um momento.

Eles vão até o proscênio, fora da luz.

Depois de um momento, luz muda rápido para a ambientação do ESPETÁCULO.

BRAD: É triste.

BRIAN: É a vida.

Brian atravessa o palco, até as cadeiras.

BRAD: Então o Terry… ele só tá nessa cena?

Brian para.

BRIAN: É.

BRAD: Sei.

BRIAN: O quê?

BRAD: Não, não, nada.

BRIAN: O Terry não é a questão.

BRAD: Eu sei, mas é que... O Terry serve a que propósito? Quero dizer, além de servir pra você explorar seus traumas de abandono?

BRIAN: Não não não não não. O Terry representa uma ideia de Deus.

BRAD: Ah.

BRIAN: Como o Lloyd vai ver depois.

BRAD: Ah.

BRIAN: [*para a plateia*] É complexo.

BRAD: Certo. Então ninguém é feliz?

BRIAN: É... acho que sim.

BRAD: Ninguém ninguém.

BRIAN: Ninguém ninguém?

BRAD: Ninguém todo mundo.

BRIAN: Acho que esse é o caso, isso mesmo.

BRAD: Nem você, nem eu.

BRIAN: A gente teve bons momentos.

BRAD: Mas a gente não foi feliz?

BRIAN: Não.

Som: "Sunshine Lollipops", da Lesley Gore.

Brad e Brian se olham durante o primeiro verso da música. Brian se afasta, indo em direção às cadeiras no fundo do palco, à direita. Luz muda devagar para um foco em Brad, enquanto o som fica de fundo.

Brad se dirige à plateia.

BRAD: Como nos conhecemos: Nossa amiga Kate fez uma "cerimônia de comprometimento" com a Jessica, a namorada dela. Esse Aqui conhece a Kate desde sempre. Eu conhecia a Kate da livraria de esquerda onde eu trabalhava junto com ela. E, como parte dessa cerimônia, Kate queria que todos os seus amigos, em vez de trazer presente, fizessem algum tipo de apresentação — porque ela curte essas coisas. E ela queria que eu fizesse uma coreografia pra uma música da Lesley Gore que ela adora, porque ela sabe que eu adoro a Lesley Gore. E eu fiquei com vontade de dizer "De jeito nenhum!", mas eu não consigo fazer isso, então eu disse "Tá, claro".

Enquanto isso, Esse Aqui devia fazer uma espécie de dublagem pra uma música da Maria Callas. Mas acontece que Esse Aqui tinha um desses encontros secretos... do clube-dos-loucos-por-ópera de 25 anos de idade, com quem ele anda: o Assistente do Decano de Estudos Antiquados da Universidade de Blá-blá-blá, a Senhorita Pele de Raposa, a Senhorita Champanhe e Óculos Escuros e o Pequeno Lorde das Madames. O tipo de gente que acha que contracultura é uma loja de iogurte. Enfins. Acontece que o pessoal do clube-dos-loucos-por-ópera deu um fim na Maria Callas porque pelo visto Esse Aqui não engana muito de Maria Callas — de Maria nenhuma, eu acho —, e ele tava correndo o risco de "passar vergonha", o que no mundinho deles só perde pra usar sapato marrom depois das seis da tarde, coisa que "simplesmente não dá". Então, nada de Maria Callas — e Esse Aqui não tinha nada pra apresentar na cerimônia, então a Kate sugeriu que a gente fizesse a coreografia da Lesley Gore juntos e eu pensei "Ótimo", porque essa é a música menos clube-dos-loucos-por-ópera que se pode imaginar, eu vou incrementar essa coreografia ridícula, ele vai dizer "Acho melhor não" e eu vou me livrar da roubada.

Brad sai da sua luz.

Luz muda rápido para ambientação do PASSADO.

Som: último refrão de "Sunshine Lollipops".

Brad termina uma coreografia ridícula para Brian.

BRIAN: Legal...

BRAD: É, né?

BRIAN: É bem energética.

BRAD: É, você sabe. Eu faço muito yoga.

BRIAN: Certo. É um pouco...

BRAD: Hm, hm?

BRIAN: Atlética.

BRAD: Você acha?

BRIAN: Minha coluna não é lá muito boa.

BRAD: Ah, isso pode ser perigoso.

BRIAN: E é domingo?

BRAD: Sim, domingo.

BRIAN: Eu trabalho na segunda de manhã.

BRAD: Eu também. E eu não posso voltar pra casa tarde.
BRIAN: Não.
BRAD: E a noite vai ser loooonga.
BRIAN: Como assim?
BRAD: Tem toda uma programação.
BRIAN: Ah, é, sim, claro.
BRAD: O que você achou que eu queria dizer?
BRIAN: Nada... É só que... O que você acha da Jessica?
BRAD: Ela é legal.
BRIAN: Meio espaçosa, você não acha? Pra Kate?
BRAD: Espaçosa?
BRIAN: Tem muita opinião...
BRAD: É, ela é bem opinativa... mas a Kate também.
BRIAN: Novidade...
BRAD: Você não gosta da Jessica?
BRIAN: Hmmm, não muito...
BRAD: Mas ela ama a Kate.
BRIAN: É, ela ama a Kate.

Som: uma batida.

BRAD: Você ainda tá saindo com o...?
BRIAN: Gordon.
BRAD: Com o Gordon?

BRIAN: Não. Sim. Não. Sim. Não sim não sim. Você sabe.

BRAD: Sei.

BRIAN: Terminando e voltando.

BRAD: Sei.

BRIAN: É basicamente um relacionamento de dois anos que durou cinco.

BRAD: [*rindo*] Já passei por isso. Então agora vocês estão juntos ou separados?

BRIAN: Entre uma coisa e outra.

BRAD: Ahn...

BRIAN: Gostei do seu casaco.

BRAD: Obrigado.

BRIAN: Fica bem em você.

BRAD: Obrigado.

Som: uma batida.

BRIAN: Então, domingo...

BRAD: É, domingo...

BRIAN: Quer saber?

BRAD: O quê?

BRIAN: Bom, é pra Kate e tudo o mais, né?

BRAD: E a sua coluna?

BRIAN: Ah. Eu tava blefando, minha coluna tá ótima. Forte que nem um cavalo.

BRAD: Ah.

BRIAN: Então a gente ensaia?

BRAD: Quer saber?

Brad tira o casaco.

Luz diminui devagar enquanto:

BRAD: Viu, a gente foi feliz algumas vezes.

BRIAN: Não. Algumas vezes, a gente não tava triste.

Luz continua a diminuir devagar e muda rápido para a ambientação da PEÇA (dois focos).

Brad faz Ray.

Brian faz Médico.

MÉDICO: Bom dia, Ray.

RAY: Bom dia, doutor. Então, qual é o veredicto?

MÉDICO: Veredicto?

RAY: Vamos direto ao assunto, tá bom?

MÉDICO: Eu olhei um daqueles dicionários de sonhos de que a gente tava falando, não achei barco de concreto, mas parece que barco representa uma espécie de renascimento.

RAY: Qual é o veredicto?

MÉDICO: Eu não tenho boas notícias.

Brian vai até a frente do palco, enquanto os focos saem em fade. Ele cobre a gravata, com um dos braços cruzando o peito e uma das mãos no pescoço, para fazer Brenda.

BRENDA: Mas não é a pior das notícias, podia ser pior.

RAY: Brenda?

BRENDA: Por favor, Ray.

RAY: As notícias não são boas... ele disse que as notícias não são boas.

BRENDA: Mas existem tantos tratamentos... tantos tratamentos novos.

RAY: Brenda?

BRENDA: Não.

RAY: Não o quê?

BRENDA: Eu não consigo.

RAY: Você não consegue o quê?

BRENDA: Não é saudável, Ray. Não é saudável a gente ficar juntos. Você fica melhor sem mim.

Brenda levanta a mão vazia.

Ray estende o casaco que está segurando, como se Brenda tivesse acabado de entregá-lo a ele.

BRENDA: [*continuando*] Eu trouxe o seu casaco de volta. Eu levei ele comigo quando eu fui embora, pensei que eu podia querer alguma coisa pra me lembrar de você.

RAY: Mas você não quer.

BRENDA: Mas eu não quero.

Ray joga o casaco no chão, aos pés de Brenda.

RAY: Vai se foder!

Brian deixa os braços caírem ao longo do corpo.
Luz muda rápido para a ambientação do ESPETÁCULO.

BRAD: Eu não acredito.

BRIAN: No quê?

BRAD: Eu não acredito. Então a Brenda vai simplesmente dar as costas pro Ray?

BRIAN: Vai.

BRAD: O Ray tá morrendo e ela não tá nem aí.

BRIAN: A questão não é a Brenda.

BRAD: A questão é totalmente a Brenda, agora.

Brian coloca os braços na posição da Brenda.
Luz muda rápido para a ambientação da PEÇA (um foco).
Som: uma ópera distante.

BRENDA: [*dirigindo-se à plateia*] Uma palavra em minha própria defesa, na qual eu luto contra clichês pra tentar descrever a sensação de algo que de repente se apaga. Não é como uma vela, não é como uma brisa curta e rápida, um barulhinho, um brilho que se apaga devagar e depois, fumaça. É mais como uma janela que bate ou uma cortina que se fecha. Mas não é isso, porque a janela e a cortina dão a impressão de que existe alguma coisa dentro. É um tipo de fim em que uma coisa bate de frente com ela mesma e, sem dar nenhum sinal, vira ar. É uma sensação de alguma coisa que de repente se apaga e que está estranhamente conectada pra sempre com a imagem de um casaco de pele de cordeiro largado no chão.

Brad fala, de fora da luz.

BRAD: Você vai ter que se esforçar mais do que isso.

Brian deixa os braços caírem ao longo do corpo.
Som sai.
Luz muda rápido para a ambientação do ESPETÁCULO.

BRIAN: Mais que o quê?

BRAD: Eu não me convenci.

BRIAN: Do quê?

BRAD: Da profundidade do sentimento dela.

BRIAN: Como é que é?

BRAD: E você tá estendendo a metáfora.

BRIAN: A metáfora?

BRAD: Com essa sua coisa do casaco.

BRIAN: A minha coisa do casaco.

BRAD: Tá, o negócio do casaco.

BRIAN: É um outro negócio do casaco...

BRAD: É "o negócio do casaco".

Brian pega o casaco do chão e se aproxima de Brad.

BRIAN: A Brenda vai deixar o Ray porque ela tá vendo o que ele se tornou.

BRAD: E o que ele se tornou?

BRIAN: Uma pessoa como todo mundo...

BRAD: Não existe "todo mundo".

BRIAN: Nossa, que profundo.

BRAD: Pra você, talvez.

Luz muda rápido para o PASSADO.
Som: Lesley Gore a distância.
Brian oferece o casaco a Brad.

BRIAN: Toma o casaco.

BRAD: Eu não quero o casaco.

BRIAN: Então por que você tocou no assunto?

BRAD: Eu só perguntei se você ia usar ele hoje.

BRIAN: Não era óbvio? Você viu que eu tava com ele.

BRAD: Esquece.

BRIAN: Você quer usar o casaco?

BRAD: Não. Eu não me importo.

BRIAN: Usa então, se você quiser.

BRAD: Claro, é o meu casaco.

BRIAN: Então usa.

BRAD: Você tem muitos casacos.

BRIAN: E daí.

BRAD: Eu tenho dois.

BRIAN: Você nunca usa esse casaco.

BRAD: Porque você tá sempre com ele. Você tá usando ele desde que a gente começou a morar junto. Desde antes. Você tirou ele do meu armário.

BRIAN: Tava no fundo do cesto de roupa suja, você não usa ele nunca.

BRAD: Eu usava o tempo todo antes de você se apoderar dele.

BRIAN: Me apoderar? Ah, por favor, toma o casaco. Qual é o seu problema?

Brian joga o casaco em Brad. Ele pega.

BRAD: Eu não tenho nenhum problema.

BRIAN: Qual é o seu problema?

BRAD: Eu não gosto quando você usa as minhas coisas.

BRIAN: O quê?

BRAD: Me incomoda quando você usa as minhas coisas.

BRIAN: Você não tá falando sério.

BRAD: Eu sei, eu sei, é só uma coisa que... eu não sei.

BRIAN: Tá legal, tá legal, eu posso aceitar isso. É mesquinho, mas... E com certeza é um pouco irônico vindo de você.

BRAD: Irônico?

BRIAN: Irônico é uma palavra.

BRAD: Qual seria a outra palavra?

BRIAN: Eu achei que a gente ia acabar com a ideia de propriedade.

BRAD: Ninguém liga pra privatização de um casaco.

BRIAN: Qual é a diferença?

BRAD: Talvez eu tenha um apego emocional por esse casaco.

BRIAN: "Apego emocional." Ah, esse é um argumento interessante pra um homem que alega estar acima da emoção.

BRAD: Eu não "aleguei" nada...

BRIAN: Toma cuidado ou você vai ficar igual a mim, vai ser só mais uma peça na engrenagem da Máquina da Indústria Patriarcal da Pentelhação.

BRAD: Eu não tava me referindo a você.

BRIAN: Máquina da Indústria Patriarcal da Pentelhação. Você acusa os meus amigos de serem pretensiosos. É a mesma coisa. É tudo só uma persona.

BRAD: Qual é o seu problema?

BRIAN: Senhor "Noam Chomsky".

BRAD: [*rindo*] Você tá dando o melhor de si?

BRIAN: Hipócrita.

Brad joga o casaco no chão, aos pés de Brian.

BRAD: Vai se foder!

Luz muda rápido para a ambientação do ESPETÁCULO.
Som: uma batida.

BRAD: Tenta de novo. Se defende agora. Vamos lá.

Brian vai para o foco da Brenda. Ele fica de frente para a plateia e põe os braços na posição da Brenda.

BRENDA: Uma palavra em minha defesa...

BRAD: O que você tá fazendo com as mãos?

BRIAN: Escondendo a gravata.

BRAD: Então ela tá usando uma gravata.

Brian se vira para a plateia.

Luz: devagar, ao longo da cena a seguir, transição dos focos do ESPETÁCULO para a PEÇA (um foco para Brian, Brad fora da luz.)

BRIAN: Uma palavra em minha própria defesa, na qual eu luto contra clichês enquanto procuro metáforas e me vem à mente um casaco cinza de pele de cordeiro e algo que de repente se apaga. Um casaco cinza de pele de cordeiro largado no chão e algo que de repente... Não é como uma vela, não é como uma brisa curta e rápida ou um... [*apaga uma vela invisível com os dedos*] e um brilho que se apaga devagar e depois, fumaça. É súbito. E não deixa traços. Só um vazio inominável — um nome daria muito peso — causado por algo que de repente se apaga e não deixa nada pra trás. Nada, nem mesmo um nada pra sustentar o nada. E um casaco cinza de pele de cordeiro largado no chão.

Luz se apaga em fade.

Brad começa a falar no escuro e, enquanto ele fala, a luz entra em fade na ambientação do ESPETÁCULO. Brad está sentado no chão.

BRAD: Era isso o que você sentia por mim? Vazio? Nem mesmo um nada pra sustentar o nada? Era por isso que a gente ia se separar?

Brian pega o casaco.

BRIAN: Por que você ficou tão chateado com o negócio do casaco?

BRAD: Porque na primeira vez que eu usei, você disse que ele ficava bem em mim.

Brian se aproxima de Brad. Ele fica de pé ao seu lado, olhando para baixo. Brian oferece o casaco a Brad.

BRAD: [*continuando*] Você sabe que existe barco de concreto? As pessoas fazem corrida com barco de concreto num rio dos Estados Unidos. Eu li numa revista.

Brad pega e veste o casaco.

BRAD: [*continuando*] Muita gente vai assistir.

BRIAN: Oi, sr. King.

Luz muda rápido para a ambientação da PEÇA. (Um foco grande para Lloyd e Ray.)

Brad faz o Ray.

Brian faz o Lloyd.

RAY: Olá, Lloyd.

LLOYD: Por que o senhor tá aí sentado no quintal?

RAY: O quê?

LLOYD: O senhor tá sentado aí no quintal há uma hora.

RAY: Tô esperando o seu pai.

LLOYD: Ele não é o meu pai.

RAY: Desculpe. O Terry.

LLOYD: Ele não mora mais aqui.

RAY: Cadê ele?

LLOYD: Não sei. Em Hamilton, talvez. A sra. King tá com ele.

RAY: Você acha que tá me contando isso, Lloyd?

LLOYD: O senhor sabia?

RAY: Eu sabia.

Lloyd senta ao lado de Ray.
Ray fica olhando para a lua.

LLOYD: [*continuando*] A grama tá molhada.

RAY: É?

LLOYD: O senhor conhece a Bíblia?

RAY: Um pouco.

LLOYD: Tá bom, então, tem a Eva e o Adão e eles têm filhos, mas os filhos deles se casam com quem?

RAY: Não sei.

LLOYD: É estranho. Mas o senhor conhece os apóstolos, certo? Por que é que, quando eles escreveram, chamaram dois deles de Tiago? Por que eles não deram nomes diferentes pras pessoas não se confundirem? Porque foi alguém que escreveu, certo?

RAY: Acho que sim.

LLOYD: É invenção ou é verdade?

RAY: É o que você quiser, eu acho.

LLOYD: Ah. Porque essa coisa do nome igual meio que faz parecer que é verdade. Que foi assim que aconteceu mesmo.

Silêncio.

Lloyd olha para a lua com Ray.

LLOYD: [*continuando*] Sabe, é como se todo mundo vivesse num grande círculo e todo mundo quisesse ficar no centro do círculo, mas o centro do círculo é a menor parte. Não tem como.

RAY: Eu tô morrendo.

LLOYD: Todo mundo tá morrendo.

Ray puxa a orelha de Lloyd.

BRIAN: Ai!

BRAD: Coitado do Lloyd.

BRIAN: Coitado do Lloyd.

BRAD: Quem é o Lloyd?

BRIAN: Acho que é óbvio, não é, não?

BRAD: O que vai acontecer com o Lloyd?

BRIAN: Ah, ele vai crescer e vai virar um gênio de computador e vai criar um site brilhante e vai salvar o mundo e vai ganhar um trilhão de dólares.

BRAD: Você acha?

BRIAN: Eu não sei. Não. Ele só desaparece quando a peça acaba.

BRAD: É triste.

BRIAN: É a vida.

Brian se levanta e sai da luz. Ele se posiciona no escuro, paralelamente a Brad, mas de frente para o fundo do palco.

Som: multidão numa festa de casamento.

Luz fade para foco em Brad.

BRAD: Viva, viva, viva e tudo de bom pra Kate e pra Jessica nesse dia feliz. Acho que a minha apresentação é a última da noite, mas infelizmente parece que meu parceiro desertou. Mas não tenham medo, na tradição do verdadeiro showbusiness — seja lá qual for — tudo são flores, o show deve continuar e tudo o mais. Então. Manda ver, Kate.

Ouvimos "Sunshine Lollipops" ao fundo enquanto Brad se dirige à plateia.

BRAD: [*continuando*] No dia anterior, a gente tinha ensaiado na casa d'Esse Aqui e a Senhorita Pele de Raposa e o Pequeno Lorde das Madames estavam lá e pegaram uma parte da coreografia. Acontece que eles decidiram que era "bobo", o que, de acordo com o manifesto deles, é um grau da ordem do mais terrível, e então Esse Aqui se dispensou da tarefa sem nem me dar um "tchau, otário". Algumas noites depois, eu tava muito chateado, peguei o telefone pra ligar pra Esse Aqui e decidi descontar um pouco da minha raiva nele.

Som: toca um telefone.

Luz muda rápido para o segundo foco no fundo para Brian, enquanto ele se vira para ficar de frente para a plateia.

BRIAN: Alô?

BRAD: Oi.

BRIAN: Oi!

BRAD: É, então, oi.

BRIAN: Eu tava pensando em você agora mesmo.

BRAD: Tava?

BRIAN: Tava. Eu me diverti muito naquela noite.

BRAD: Foi?

BRIAN: Me desculpe, eu tive que ir embora.

BRAD: Por que você foi embora?

BRIAN: Eu disse que eu tinha que trabalhar de manhã.

BRAD: É, eu sei, mas...

BRIAN: Vem até aqui.

BRAD: Ir até aí?

BRIAN: Vem até aqui.

BRAD: Hm. Tá meio tarde.

BRIAN: Eu quero fazer amor com você.

BRAD: Ah. Tá. Ah. Tá. Pode ser...

BRIAN: Vem logo.

Luz: sai o foco de Brian.

Brad se dirige para a plateia.

BRAD: Bom, normalmente, eu não ia fazer um negócio desses, mas era... quarta-feira.

Luz: blecaute rápido.

Som: uma campainha barulhenta.

Luz muda rápido para o PASSADO. Brad e Brian de frente um para o outro.

BRAD: [*continuando*] Oi.

BRIAN: Ah, oi.

Silêncio.

BRAD: Você não vai me convidar pra entrar?

BRIAN: Eu tô esperando uma pessoa.

BRAD: Sim, eu.

BRIAN: Não, o Gordon tá vindo pra cá.

BRAD: Por que você não me disse isso?

BRIAN: Quando que eu ia te dizer isso?

BRAD: No telefone.

BRIAN: No telefone, quando?

BRAD: Vinte minutos atrás.

BRIAN: Ah. Ah. Ah.

BRAD: Ah. Ah.

BRAD e BRIAN: [*juntos*] Ah.

BRIAN: Bom, você quer entrar?

BRAD: Bom, é pra isso que eu tô aqui.

Som: supersexy, estilo Barry White.

Luz muda para um vermelho forte.

Brad tira o casaco, sedutor, e o joga devagar em Brian. Brian pega. Brad se aproxima de Brian devagar. Brad desabotoa o colarinho e afrouxa a gravata de Brian, depois põe a mão em seu peito, fazendo com que ele ande para trás, na direção das cadeiras que estão à direita do palco. No momento em que parece que os dois vão se beijar, Brad vai para a cadeira e Brian veste o casaco, enquanto anda até o centro.

Som: um bar cheio de gente.

Luz: muda rápido para ambientação da PEÇA (dois focos).

Brad faz a Pam Ellis. Brian faz o Ray.

RAY: Sra. Ellis? Pam?

PAM: Perdão?

RAY: Você é a mãe do Lloyd?

PAM: Sim.

RAY: Eu sou Raymond King. Marido da Brenda.

PAM: Ah. Sim. Olá. Sim.

RAY: Eu só queria...

PAM: Oferecer seus pêsames?

Som: uma batida desconfortável.

PAM: [*continuando*] Desculpe. É só que pra uma mulher é diferente. Eu acho. Ou talvez não. Como vai?

RAY: Ah, tem muita coisa acontecendo esses dias. Muita coisa pra chamar a minha atenção.

PAM: Isso é bom.

RAY: Isso é bom.

PAM: Eu não tinha ideia. E você?

RAY: Eu... talvez.

PAM: Ou eu não sei... Talvez eu tivesse. Na verdade, eu sinto mais pelo Lloyd. Ele gostava mesmo do Terry. Desde que o pai dele foi embora tem sido... Mas eu vou ficar bem. É com o Lloyd que eu me preocupo.

RAY: Com o Lloyd. Eu só queria te dizer que eu coloquei o meu seguro de vida no nome do Lloyd.

PAM: Ah. Você... Ah. Por quê?

RAY: Nunca se sabe. Só no caso de... Acidentes acontecem.

PAM: Mas por que o Lloyd?

RAY: Só pra dizer... Eu sinto muito.

PAM: Não foi culpa sua.

RAY: Eu sinto muito que isso tenha acontecido.

PAM: Sim. Obrigado.

RAY: Você poderia dizer uma coisa pro Lloyd por mim?

PAM: Sim?

RAY: Diz pra ele que o centro do círculo não é tão legal assim.

PAM: O centro do círculo?

RAY: Diz pra ele que do centro não dá pra ver o círculo inteiro, e o negócio é ver o círculo inteiro.

Som: uma batida.

PAM: Sabe qual é o meu problema, sr. King?

RAY: Ray.

PAM: Meu problema é que eu sou alérgica a solidão, e por mais venenosos que os homens sejam pra mim, eles são o único antídoto que eu consegui encontrar. Mas às vezes a gente tem que ficar doente pra ficar melhor.

Ray ri.

PAM: Posso te oferecer uma bebida, Ray?

RAY: Claro.

BRAD: [*para a plateia*] Outra mulher bêbada.

BRIAN: Esquece, tá legal, o que é isso?

Som: sai.
Luz muda rápido para ambientação do ESPETÁCULO.

Brian tira um cartaz dobrado do bolso e mostra para a plateia. O cartaz é uma foto de Brian e Brad lado a lado (vestindo as roupas que estão usando agora). Brad está com a cabeça para trás, rindo, Brian parece bem tenso.

BRIAN: [*continuando*] O que é isso?

BRAD: O cartaz do espetáculo.

BRIAN: Não existe espetáculo.

BRAD: Agora existe.

BRIAN: Isso é inaceitável.

BRAD: Por quê?

BRIAN: Olha pra isso. O que você tá querendo dizer com isso?

BRAD: [*mostrando a foto para a plateia*] Bom, tem eu aqui, e eu tô rindo de alguma coisa, e tem você aqui, e você não tá entendendo a piada.

BRIAN: Sim, eu tenho certeza que todo mundo percebeu isso.

BRAD: O que tem de errado?

BRIAN: Olha bem. O que isso quer dizer? Olha pra mim! Parece que eu não tenho a menor ideia do que é diversão.

BRAD: Bom, se a carapuça serviu...

BRIAN: Ah, que meigo. E qual é a graça, afinal?

BRAD: Essa é a questão.

BRIAN: A questão é que você me faz ficar horrível.

BRAD: Bom, como você queria aparecer?

BRIAN: É óbvio que não desse jeito que você me vê.

BRAD: Ai, lá vamos nós.

BRIAN: Ai, lá vamos nós aonde?

BRAD: Pra questão da imagem.

BRIAN: Sim, afinal é a minha imagem.

BRAD: Enfins...

Luz muda rápido para o PASSADO.

Som: heavy metal a distância.

BRIAN: "Enfins"! "Enfins"! Não existe essa palavra "enfins"!

BRAD: Para! Não me corrige!

BRIAN: Eu não tô te corrigindo, é só que... Você fala isso mil vezes por dia. Tá desviando a minha atenção.

BRAD: Enfins! Eu só queria que você fosse você mesmo.

BRIAN: O quê? O que você quer dizer? O que você quer dizer com isso?

BRAD: Esquece.

BRIAN: Não. O quê? O que você quer dizer com "você mesmo"? Eu sou eu mesmo.

BRAD: Ótimo.

BRIAN: Não. O que é "eu mesmo"?

BRAD: Por exemplo, essa coisa ridícula com ópera. Você nem gosta de ópera.

BRIAN: Gosto, sim.

BRAD: Você gosta da Maria Callas. Maria Callas não é ópera. Gostar de Maria Callas é a mesma coisa que gostar de Barbra Streisand.

Uma batida.

BRIAN: Retira o que você disse.

BRAD: Você só acha que tem que gostar de ópera porque as pessoas cultas gostam de ópera. Você acha que ser tiete de ópera eleva você da sua origem classe média baixa, da qual você tem vergonha.

BRIAN: Mais alguma coisa?

BRAD: Você se apresenta como essa espécie de... Esse guardião... de cabeça aberta... das coisas de bom gosto.

BRIAN: Quando na verdade?

BRAD: Quando na verdade você usa suas opiniões, ou as opiniões que você pega emprestado dos outros...

BRIAN: Ah!

BRAD: ...pra manipular a situação e ficar no controle.

BRIAN: Bom. Se é assim que você pensa...

BRAD: Se é assim que eu penso, o quê?

BRIAN: Talvez a gente devesse deixar isso pra lá.

BRAD: Deixar pra lá o quê?

BRIAN: Nada.

BRAD: Deixar pra lá o quê?

BRIAN: Tudo. Acho que a gente não tá dando certo.

BRAD: O que você tá esperando?

BRIAN: Exatamente.

BRAD: Não. O que você tá esperando?

BRIAN: Eu tô esperando alguma coisa acontecer.

Luz muda rápido para a ambientação do ESPETÁCULO.

Brad mostra a foto mais uma vez.

BRAD: Aquele Ali, o que tá rindo, representa alguma coisa acontecendo, e Esse Aqui, o que tá sério, representa o estar esperando alguma coisa acontecer. E isso significa que, se você parar de pensar um pouco, você se dá conta de que provavelmente já tem alguma coisa acontecendo.

BRIAN: Tá.

BRAD: Como nessa outra parte.

Som: campainha de um relógio de vovô.

Luz muda rápido para ambientação da PEÇA. (Dois focos, Brad no dele, Brian fora da luz, bem perto do foco.)

Brad faz o pai do Ray, Irving.

IRVING: Me deixa em paz, me deixa em paz, eu não sou inválido, eu consigo me virar bem sozinho, muito obrigado. Bandido.

BRIAN: Você não tem que fazer um velhinho.

IRVING: Eu vou fazer do jeito que eu quiser. Bandido! Não consigo achar o meu troço. Já procurei em tudo quanto é lugar e não acho.

Brian vai para a sua luz como Ray.

RAY: O seu o quê?

IRVING: O meu troço — o negocinho com a coisa — com a coisinha dentro. O marrom com aquela coisa. Você sabe.

RAY: Não sei, não, pai.

IRVING: A caixa de viagem.

RAY: O quê?

IRVING: A caixa de viagem. A caixa pra viajar.

RAY: A mala?

IRVING: Não. É...? Ah, sim. É isso mesmo? Sim, acho que sim, a mala.

Uma batida.

IRVING: [*continuando*] Minhas mãos ficaram engraçadas.

RAY: O que é que tem?

IRVING: O que é que tem o quê?

RAY: A mala.

IRVING: Ah, não, como eu não achei, eu também não me preocupei. Eu não vou demorar muito mesmo.

RAY: Pra onde o senhor vai?

IRVING: Pra lugar nenhum. Eles colocaram bandidos pra trabalhar aqui. Bandidos. Com armas e tudo. Um deles puxou uma faca pra mim.

RAY: Ele tava dando uma faca de manteiga pro senhor, pai. Pai, eu tenho que contar uma coisa. O senhor não vai mais me ver.

IRVING: Qual é o seu nome?

RAY: Raymond King. Ray.

IRVING: Você já matou um homem, Ray?

RAY: Não.

IRVING: É uma coisa e tanto. Eu tive que matar, é claro, eu tive. Era esse o negócio. Vidas humanas em jogo.

RAY: Sim.

IRVING: Eles levaram o meu uniforme. Até isso eles levaram, safados. Os uniformes. Porque você nem pensava, você simplesmente colocava aquele uniforme e era aquilo que você vestia, era aquilo que você era e pronto. E o que acontecia com os trens? Eles estavam sempre levando você pra lá e pra cá. Eu não gosto de ser levado. Mas eu gosto de trens. Aquele, na Alemanha toda, era um belo trem. E na Espanha.

Som: trens a distância.

IRVING: [*continuando*] Qualidade de alta classe, tipos de alta classe em volta, trens que tem na Espanha. Mas eu gostei mais da Alemanha, porque eu entendo um pouco de espanhol, sabe, por causa do francês, eu falo um pouco de francês e o espanhol é bem parecido com o francês. Mas eu não entendo nada de alemão. Então eu preferi isso. Os trens alemães. Onde eu não entendia nem uma palavra. Não tem nada melhor mesmo. Estar no trem com um monte de gente em volta e você sabe que não tem ninguém falando com você — e até se alguém falasse com você, tudo o que você podia fazer era [*dá de ombros*] e na mesma hora a pessoa te deixava em paz, e as cidadezinhas lindas, e a paisagem que ia mudando e mudando, e os trens e os trens… Eu fico esperando que alguma coisa aconteça. Eu fico esperando e esperando que alguma coisa aconteça.

RAY: Eu sei.

Som: menininhas brincando.

IRVING: As minhas menininhas foram todas pra casa.

RAY: Quem?

IRVING: As do quintal. Sua mãe fez biscoito, mas as meninas já tinham ido. Sobrou um monte se você quiser. Daqueles cheios de passas.

RAY: Eu tenho que ir agora, pai.

IRVING: Como é o seu nome?

Ray olha para Irving.

RAY: Raymond King.

Silêncio.
Brad olha para Brian.

BRAD: E agora?

BRIAN: Ray deixa o pai e vai pegar o Mercedes azul.

BRAD: E você vai fazer o Ray?

BRIAN: E eu vou fazer o Ray.

BRAD: E eu sou eu?

BRIAN: Sim.

Brad e Brian vão para a frente do palco e se dirigem à plateia.

BRAD: [*continuando*] Você tem que resolver umas coisas.

RAY: A questão agora é a intenção.

BRAD: Comprar um remédio pra enxaqueca de alguém. Papel higiênico. Trocar ingressos. O de sempre.

RAY: A questão agora é a diferença entre intenção e acidente.

BRAD: Um dia comum. Não era um dia ruim, só um dia comum.

RAY: Na minha grande e poderosa máquina.

BRAD: No carro, dirigindo. Consciente da maquinaria — grandes máquinas velozes e poderosas passando por várias outras grandes máquinas velozes e poderosas dirigidas por pessoas sobre cuja sobriedade ou estado mental você nada sabe. Esse pensamento é um pouco pesado demais.

RAY: Só mais um acidente.

BRAD: Você vai ligar o rádio.

RAY: Igual a tudo na vida.

BRAD: Porcaria.

RAY: Igual a tudo na vida.

BRAD: Porcaria.

RAY: Igual a tudo na vida.

BRAD: Mais porcaria.

RAY: Eu queria ter pedido desculpas mais vezes.

BRAD: Porcaria.

RAY: Eu queria ter dito "eu sei" menos vezes.

BRAD: Algo familiar.

RAY: Eu queria nunca ter dito "nada" quando eu queria dizer alguma coisa.

BRAD: Porcaria.

RAY: E eu fico feliz que a minha mãe tenha morrido...

BRAD: De volta para algo familiar.

RAY: ...e que o meu pai não vá perceber a diferença.

BRAD: Onde foi?

RAY: E a Brenda vai cantar no meu enterro...

BRAD: Não consigo achar.

RAY: ...e o Terry vai amá-la...

BRAD: Cento e um ponto o quê?

RAY: ...e o Lloyd vai ficar bem...

BRAD: Ou depois?

RAY: ...e a Pam é uma mulher bonita...

BRAD: Não, antes do esporte, depois do metal.

RAY: ...e o Miles é como eu, mas ele se perdeu mais cedo.

BRAD: É essa.

RAY: E só um cantar de pneus.

BRAD: E naquele instante...

RAY: Igual a tudo na vida.

BRAD: Os faróis do Mercedes azul.

RAY: Só mais um acidente.

Ray fecha os olhos, vendo o que Brad está descrevendo.

BRAD: Um vórtice incrível em câmera lenta e silêncio. Girando através do tempo, mais leve que o ar, sem peso. Sem peso e perfeitamente calmo. Você olha pela janela e tá tudo cheio de céu — o topo dos edifícios e as árvores e os fios elétricos vão ficando para trás devagar e virando fumaça. Uma fumaça negra, espessa, que demora um pouco pra se desfazer. Todas as coisas viram fumaça, se conservam na sua forma por um instante e depois se esvaem de si mesmas. As folhas, os fios, as árvores, os edifícios. E você fica triste que essas coisas estejam se desfazendo, mas ao mesmo tempo você sente essa paz abençoada por poder presenciar isso. E você pensa: é isso o que sentimos quando morremos. Mas não, então você se dá conta. Não...

Ray abre os olhos.

BRAD: [*continuando*] Não, isso é o que sentimos quando estamos vivos. E então...

RAY: E então você morre.

BRAD: ...você morre.

Luz sai em fade lentamente.

Esperamos durante o blecaute por algum tempo, como se a PEÇA tivesse acabado. Logo antes que o público comece a aplaudir, ainda no blecaute, Brad fala.

BRAD: [*continuando*] Você acha mesmo que esse final é bom?

BRIAN: O quê?

BRAD: Eu só acho que deve ter outras opções.

BRIAN: Pelo amor de deus.

BRAD: Você se incomoda?

BRIAN: Sei lá.

Luz muda rápido para a ambientação do ESPETÁCULO.

Brad se dirige à plateia enquanto coloca as duas cadeiras no centro do palco.

BRAD: Primeiro encontro. Ideia minha. Vamos ver uma peça.

BRIAN: Não era muito bem uma peça.

BRAD: Era uma tal de uma performance que a Kate tava produzindo.

BRIAN: E o que era aquilo?

BRAD: Era interessante.

BRIAN: Isso é que é elogio.

BRAD: Mas então, tinha esse negócio que a gente tinha que ir às nove horas, aí a gente chega lá e não tem mais ninguém a não ser o cara da bilheteria. Então ele vendeu os ingressos pra gente e disse que era pra entrar pelos fundos. Esse Aqui já tava reclamando.

BRIAN: Eu não tava reclamando nada, eu me comportei muito bem.

BRAD: Tudo é relativo. Enfim. Entramos pela porta dos fundos e estamos nesse "armazém enorme e vazio" [*Nota: aqui, Brad descreve brevemente o lugar em que a peça está acontecendo*] e essas luzes fortes.

BRIAN: Fortíssimas...

BRAD: E no meio desse espaço tem essas duas cadeiras. E dá pra ver de cara que Esse Aqui tá querendo fugir.

BRIAN: Mas eu não fugi.

BRAD: Mas ele não fugiu e a gente sentou nas cadeiras e nada acontecia e nada acontecia e de repente a gente ouviu uma pessoa rir. Então a gente olhou em volta e a uns trinta metros depois da luz, tem uma plateia de...

BRIAN: Milhares!

BRAD: Cinquenta pessoas, talvez. E, você sabe, primeiro a gente pensa: o que é que tá acontecendo? E depois é mais ou menos: ai, meu deus, eles estão pensando que nós somos a peça!

BRIAN: Ai, meu deus.

BRAD: E então a coisa ficou meio estranha porque a gente não sabia o que fazer.

BRIAN: Então a gente ficou sentado lá.

BRAD: Então a gente ficou sentado lá e num instante as pessoas começaram a pensar: eles não sabem o que estão fazendo.

Um longo silêncio enquanto Brad e Brian se veem de novo naquele momento estranho e desconfortável. Brad está adorando, Brian está mortificado.

BRIAN: Aí a coisa ficou meio tensa.

BRAD: Aí a coisa começou a ficar legal.

BRIAN: É?

BRAD: Eu dei a mão pra você.

Brad dá a mão para Brian.

BRIAN: É verdade.

BRAD: Que foi praticamente como se eu tivesse beijado ele na boca, porque Esse Aqui simplesmente não sai do armário.

BRIAN: [*tirando a mão*] Isso não é verdade.

BRAD: Enfim.

BRIAN: Enfins.

Brian põe a mão na perna de Brad por um momento.

BRIAN: [*continuando*] Foi legal. Embora eu tenha entendido, depois que eu te conheci melhor, que você só me deu a mão pra assumir um dos seus posicionamentos políticos radicais.

BRAD: [*sinceramente; olhando para Brian*] Não foi nada disso.

Uma batida. Brian vira o rosto.

BRIAN: Bom, acho que essa é uma opção pro final, mas é um tanto sentimental.

BRAD: Você ainda não viu nada. Toca aí, Kate!

Som: "Sunshine Lollipops" toca no som do teatro.

Brad pega as cadeiras e coloca-as rapidamente na posição inicial. Ele volta rápido para onde estava e começa a coreografia. Brian está horrorizado. Ele começa a acompanhar devagar, até que os dois fazem a coreografia ridícula, rindo e adorando.

A coreografia acaba. Brian se vira para a plateia como se fosse fazer o agradecimento. Brad indica para a plateia que a peça ainda não acabou.

Brian olha para Brad. Brad sai de cena.

BRIAN: Aonde você vai?

BRAD: Vou comprar o seu remédio.

Luz muda devagar em fade da ambientação do ESPETÁCULO para a do PASSADO, um híbrido.

Brian pausa até que:

BRIAN: Você não fez isso ainda?

BRAD: Vou fazer agora.

BRIAN: Deus.

BRAD: O quê?

BRIAN: Nada.

BRAD: Ótimo. A gente precisa de mais alguma coisa?

BRIAN: Sim, papel higiênico pela enésima vez.

BRAD: Tá, tá, tá.

BRIAN: E você podia fazer o favor de trocar aqueles ingressos.

BRAD: Eu vou fazer isso amanhã.

BRIAN: Você disse isso na semana passada.

BRAD: A gente já trocou esses ingressos umas três vezes.

BRIAN: Tá legal, a gente dá pra alguém.

BRAD: Arranja uma agenda.

BRIAN: Eu tenho uma agenda.

BRAD: Então anota!

BRIAN: Eu anotei.

BRAD: Faz uma listinha e prende na geladeira!

BRIAN: Então, esquece.

BRAD: Não, tá legal, tá legal.

BRIAN: Tenta trocar pro sábado.

BRAD: Além da taxa pra trocar ainda tem a diferença pro ingresso mais caro?

BRIAN: Tá.

BRAD: Terça?

BRIAN: Não, a Kate vai trazer a Karen aqui pra conhecer a gente na terça.

BRAD: A gente já conhece a Karen.

BRIAN: "Em particular."

BRAD: Ótimo.

BRIAN: Ela é sua amiga.

BRAD: O que você quer dizer com isso?

BRIAN: Ela não me liga mais.

BRAD: Não dá pra você atender o telefone?

BRIAN: Por que a culpa é sempre minha? Por que a culpa de tudo é sempre minha?

BRAD: A gente tem que conversar.

BRIAN: Eu tô com enxaqueca.

BRAD: Você tá sempre com enxaqueca.

BRIAN: A gente conversa quando você voltar.

BRAD: Ótimo.

BRIAN: Tenta pra quarta.

BRAD: Quarta.

BRIAN e BRAD: A próxima quarta.

BRIAN: E xampu.

BRAD: E xampu.

Brad começa a sair de novo.

BRIAN: Você vai como?

BRAD: Vou de bicicleta.

BRIAN: Até o shopping?

BRAD: Claro.

BRIAN: E até o teatro?

BRAD: É.

BRIAN: Você não vai até o teatro se você for de bicicleta.

BRAD: Eu preciso fazer exercício.

BRIAN: Eu só quero que isso se resolva.

BRAD: Eu vou resolver.

BRIAN: Toma, vai chover mesmo, vai com o meu carro.

Brian põe a mão no bolso e faz como se jogasse as chaves para Brad. Brad faz como se pegasse as chaves que ele estava escondendo na mão.

Brad começa a sair do palco. Volta.

BRAD: [*continuando*] Remédio, papel higiênico, ingressos e...?

BRIAN: Você me ajudou a ver beleza nas pessoas e você tem sido um ótimo amigo.

BRAD: [*censurando gentilmente*] Não foi assim que aconteceu.

BRIAN: Xampu.

BRAD: Xampu.

Brad sai de cena e anda pela plateia em direção à porta do teatro.

BRIAN: E não compra xampu vagabundo.

BRAD: Tá, tá.

Brian vai até o centro.

Luz muda devagar em fade para o foco em Brian como no início da peça.

Brad sai do teatro batendo a porta.

Som: passos numa garagem com chão de cascalho, a porta de um carro se abre, a porta de um carro se fecha, o motor é ligado, um carro sai da garagem, dirigindo, dirigindo, dirigindo. Brian fala junto com o som.

BRIAN: É claro que teria outra opção... pro final... seria completar o círculo. Terminar no ponto em que a gente começou. As pessoas gostam do pacote completo. As pessoas gostam de tudo amarradinho. Então... Então... O Ray deixa o pai, pega o carro e resolve ir ao médico. E o Ray diz: Oi, doutor. E o médico diz: Como vai você, Ray? E... E aí o Ray diz: Quanto tempo eu tenho, doutor? Não, vamos dar um nome pra ele? Charlie. E o Ray diz: Quanto tempo eu tenho, Charlie? E o médico diz: Eu não posso responder a essa pergunta, Ray. E o Ray diz... O Ray diz: Vamos lá, Charlie, nós já temos o veredicto, qual vai ser a sentença?

Som: dirigindo, dirigindo, dirigindo.

BRIAN: E o médico diz: Eu não posso. E o Ray interrompe e diz: Eu preciso de um número, Charlie, um número. E o médico diz: Bom, a essa altura, pode acontecer a qualquer momento. Podem ser dias ou semanas. Meses, talvez. Mas a verdade é que cada dia pode ser, em potencial, o seu último dia, e então eu o aconselharia a viver a sua vida de acordo com essa possibilidade. E então uma expressão confusa, depois a compreensão e o alívio. Ray olha para a plateia, quase sorrindo, mas ainda incerto. Então ele sai do palco, passa pela plateia, sai pela porta, indo em direção ao mundo, pronto pra começar a sua nova vida.

Som: uma sirene. Um rádio é ligado, música ruim, notícias, esportes, a ária da Maria Callas, notícias, tentativa de achar a ária de novo, a ária é finalmente encontrada. Uma nota sustentada longamente sob um cantar de pneus. Um grande impacto explosivo. Sons de uma cena de acidente. Vozes femininas que gritam: "Ai, meu deus! O que houve? O Mercedes azul entrou de frente no outro carro." Sirene. Rádio de polícia. Finalmente, só a ária.

Brian tira e segura o casaco. Ele espera o último verso e o fim da ária. Ela para numa pausa, antes de acabar.

Brian segura o casaco diante de si.

BRIAN: [*continuando*] Mas por que a gente tá falando de final, de qualquer forma? Algumas coisas terminam. Mas outras simplesmente param.

Brian larga o casaco no chão, no lugar de onde ele pegou no início do ESPETÁCULO. Brian se vira e sai de cena. Assim que ele some de vista, a ária termina.

Luz muda em fade para o foco no casaco, depois se apaga com o fim da ária.

FIM

Notas do autor sobre a montagem de *In On It*

O cenário

In On It viajou por muitos teatros em sua turnê. Nossa concepção de cenário era desnudar cada um desses teatros, deixando-os com as paredes descobertas, e usar apenas duas cadeiras. Quanto às cadeiras, devia parecer que elas poderiam ter sido facilmente encontradas em algum lugar no edifício em que a peça estivesse acontecendo.

O estilo

Para marcar bem a diferença entre as três realidades em *In On It*, desenvolvemos três tipos diferentes de "estilo" (no sentido mais superficial do termo) de atuação. Na PEÇA, nós dois atuávamos para a frente — para a plateia —, mas reagíamos como se estivéssemos de frente um para o outro. (O texto está escrito como se este estilo estivesse dado, de forma que uma rubrica de movimentação como *"Brenda se vira para Ray"* indica que o ator que está fazendo a Brenda deixa de estar de frente para a plateia e se vira para o outro ator). No ESPETÁCULO, nos mantínhamos conscientes da presença da plateia — as rubricas de ação indicam os momentos em que nos dirigíamos ao público. No PASSADO, nos encontraríamos, de súbito, dentro de uma realidade separada pela quarta parede, sem dar a menor atenção à plateia.

A história

A história inicial que tínhamos para *In On It* era a seguinte: Brad morre numa batida de frente com um Mercedes azul, dirigido por um homem chamado Raymond King. Há questões em aberto quanto à maneira como esse acidente aconteceu, parece que não há nenhuma razão para o carro ter desviado na direção de Brad. Para dar alguma razão a esse "acidente" (e para suavizar sua culpa por ter insistido que Brad pegasse o carro naquele dia), Brian cria a PEÇA sobre Ray, seu suicídio e seus motivos. Brad está, na verdade, retornando "de entre os mortos" para ajudar na criação da PEÇA (e do ESPETÁCULO) desta noite. Essa história foi útil para os atores, mas não era necessário que o público a "entendesse" — o público vai entender a história que precisar entender.

Finalmente

No texto, os personagens se chamam Brad e Brian, embora eles nunca se chamem pelos nomes. Isso é importante para que os atores entendam que estão fazendo personagens de verdade e não uma versão estilizada dos personagens. É muito importante que, em qualquer programa de qualquer produção futura dessa peça, os personagens sejam apontados como Esse Aqui e Aquele Ali é assim que eles se referem um ao outro —, e assim o público começa a entender, devagar que esses personagens não são simulações pós-modernas. Isso ajuda a manter o público tateando a natureza da peça e faz com que os espectadores reavaliem continuamente a percepção que têm dela.

Agradecimentos especiais para Darren O'Donnell, Kimberly Purtell e Richard Feren, que foram indispensáveis para o desenvolvimento dessa peça, por meio de workshops e ensaios.

Biografia do autor

Daniel MacIvor nasceu na ilha Cape Breton, no Canadá, em 1962. Atualmente, divide seu tempo entre Toronto e Nova Scotia.

Ator, roteirista e diretor de teatro e de cinema, MacIvor escreveu e dirigiu mais de vinte espetáculos e teve sua obra traduzida em diversas línguas. Em 1987, fundou com Sherrie Johnson a companhia da da kamera, que dirigiu até 2007, apresentando seus espetáculos em Toronto, Montreal, Vancouver, e também no Reino Unido, nos Estados Unidos, na Austrália e em Israel.

Em colaboração com o diretor Daniel Brooks, criou os monólogos *House, Here Lies Henry, Monster, Cul-de-sac* e *This is What Happens Next*. MacIvor também escreveu e dirigiu para o cinema os filmes *Past Perfect* (2002) e *Wilby Wonderful* (2004).

Em 2002, recebeu o prêmio GLAAD (Aliança Gay e Lésbica contra a Difamação) e o prêmio Village Voice Obie por *In On It*. Sua peça mais conhecida, *Marion Bridge*, estreou em Nova York, na Off-Broadway, em 2005 e foi adaptada para o cinema com grande sucesso por Wiebke von Carolsfeld. Em 2006, Daniel recebeu o prêmio Governor General Literary Award por sua série de cinco peças, *I Still Love You* [Eu ainda te amo], da qual fazem parte *In On It* e *A Primeira Vista*. Em 2008, recebeu pelo conjunto de sua obra o prêmio mais importante do teatro canadense, o

Prize. Em 2019, recebeu o Winnipeg Theatre Awards por sua peça *New Magic Valley Fun Town*.

MacIvor escreveu inúmeros trabalhos comissionados para instituições de prestígio como o Wexner Centre da University of Ohio, o National Theatre School of Canada, Mulgrave Road Theatre, a Canadian Opera Company e o Stratford Festival.

© Editora de Livros Cobogó, 2012
© Daniel MacIvor

Editora
Isabel Diegues

Editora Assistente
Barbara Duvivier

Produção Editorial
Vanessa Gouveia

Coordenação de Produção
Melina Bial

Tradução
Daniele Avila Small

Revisão Final
Eduardo Carneiro

Projeto Gráfico e Diagramação
Mari Taboada

Capa
Marcos Chaves

CIP-BRASIL. CATALOGAÇÃO-NA-FONTE
SINDICATO NACIONAL DOS EDITORES DE LIVROS, RJ

    MacIvor, Daniel,
M14p   A primeira vista ; In on it / Daniel Macivor ; tradução Daniele Avila
2. ed. Small. – 2. ed. – Rio de Janeiro : Cobogó, 2024.
      184 p. ; 19 cm. (Dramaturgia)

      Tradução de: A beautiful view: in on it
      ISBN 978-65-5691-149-6

      1. Teatro canadense. 2. Dramaturgia canadense. I. Small, Daniele
    Avila. II. Título. III. Título: In on it. IV. Série.

24-92682.   CDD: 819.12
                           CDU: 821.111(71)-2

Gabriela Faray Ferreira Lopes- Bibliotecária- CRB-7/6643

Todos os direitos em língua portuguesa reservados à
Editora de Livros Cobogó Ltda.
Rua Gen. Dionísio, 53, Humaitá
Rio de Janeiro — RJ — Brasil — 22271-050
www.cobogo.com.br

Coleção Dramaturgia

ALGUÉM ACABA DE MORRER LÁ FORA, de Jô Bilac

NINGUÉM FALOU QUE SERIA FÁCIL, de Felipe Rocha

TRABALHOS DE AMORES QUASE PERDIDOS, de Pedro Brício

NEM UM DIA SE PASSA SEM NOTÍCIAS SUAS, de Daniela Pereira de Carvalho

OS ESTONIANOS, de Julia Spadaccini

PONTO DE FUGA, de Rodrigo Nogueira

POR ELISE, de Grace Passô

MARCHA PARA ZENTURO, de Grace Passô

AMORES SURDOS, de Grace Passô

CONGRESSO INTERNACIONAL DO MEDO, de Grace Passô

A PRIMEIRA VISTA | IN ON IT, de Daniel MacIvor

INCÊNDIOS, de Wajdi Mouawad

CINE MONSTRO, de Daniel MacIvor

CONSELHO DE CLASSE, de Jô Bilac

CARA DE CAVALO, de Pedro Kosovski

GARRAS CURVAS E UM CANTO SEDUTOR, de Daniele Avila Small

OS MAMUTES, de Jô Bilac

INFÂNCIA, TIROS E PLUMAS, de Jô Bilac

NEM MESMO TODO O OCEANO, adaptação de Inez Viana do romance de Alcione Araújo

NÔMADES, de Marcio Abreu e Patrick Pessoa

CARANGUEJO OVERDRIVE, de Pedro Kosovski

BR-TRANS, de Silvero Pereira

KRUM, de Hanoch Levin

MARÉ/PROJETO BRASIL, de Marcio Abreu

AS PALAVRAS E AS COISAS, de Pedro Brício

MATA TEU PAI, de Grace Passô

ÃRRÃ, de Vinicius Calderoni

JANIS, de Diogo Liberano

NÃO NEM NADA, de Vinicius Calderoni

CHORUME, de Vinicius Calderoni

GUANABARA CANIBAL, de Pedro Kosovski

TOM NA FAZENDA, de Michel Marc Bouchard

OS ARQUEÓLOGOS, de Vinicius Calderoni

ESCUTA!, de Francisco Ohana

ROSE, de Cecilia Ripoll

O ENIGMA DO BOM DIA, de Olga Almeida

A ÚLTIMA PEÇA, de Inez Viana

BURAQUINHOS OU O VENTO É INIMIGO DO PICUMÃ, de Jhonny Salaberg

- PASSARINHO, de Ana Kutner
- INSETOS, de Jô Bilac
- A TROPA, de Gustavo Pinheiro
- A GARAGEM, de Felipe Haiut
- SILÊNCIO.DOC, de Marcelo Varzea
- PRETO, de Grace Passô, Marcio Abreu e Nadja Naira
- MARTA, ROSA E JOÃO, de Malu Galli
- MATO CHEIO, de Carcaça de Poéticas Negras
- YELLOW BASTARD, de Diogo Liberano
- SINFONIA SONHO, de Diogo Liberano
- SÓ PERCEBO QUE ESTOU CORRENDO QUANDO VEJO QUE ESTOU CAINDO, de Lane Lopes
- SAIA, de Marcéli Torquato
- DESCULPE O TRANSTORNO, de Jonatan Magella
- TUKANKÁTON + O TERCEIRO SINAL, de Otávio Frias Filho
- SUELEN NARA IAN, de Luisa Arraes
- SÍSIFO, de Gregorio Duvivier e Vinicius Calderoni
- HOJE NÃO SAIO DAQUI, de Cia Marginal e Jô Bilac
- PARTO PAVILHÃO, de Jhonny Salaberg
- A MULHER ARRASTADA, de Diones Camargo
- CÉREBRO_CORAÇÃO, de Mariana Lima
- O DEBATE, de Guel Arraes e Jorge Furtado
- BICHOS DANÇANTES, de Alex Neoral
- A ÁRVORE, de Silvia Gomez
- CÃO GELADO, de Filipe Isensee
- PRA ONDE QUER QUE EU VÁ SERÁ EXÍLIO, de Suzana Velasco
- DAS DORES, de Marcos Bassini
- VOZES FEMININAS — NÃO EU, PASSOS, CADÊNCIA, de Samuel Beckett
- PLAY BECKETT — UMA PANTOMIMA E TRÊS DRAMATÍCULOS (ATO SEM PALAVRAS II | COMÉDIA/PLAY | CATÁSTROFE | IMPROVISO DE OHIO), de Samuel Beckett
- MACACOS — MONÓLOGO EM 9 EPISÓDIOS E 1 ATO, de Clayton Nascimento
- A LISTA, de Gustavo Pinheiro
- SEM PALAVRAS, de Marcio Abreu
- CRUCIAL DOIS UM, de Paulo Scott
- MUSEU NACIONAL [TODAS AS VOZES DO FOGO], de Vinicius Calderoni
- KING KONG FRAN, de Rafaela Azevedo e Pedro Brício
- PARTIDA, de Inez Viana
- AS LÁGRIMAS AMARGAS DE PETRA VON KANT, de Rainer Werner Fassbinder

COLEÇÃO DRAMATURGIA ESPANHOLA

A PAZ PERPÉTUA, de Juan Mayorga | Tradução Aderbal Freire-Filho

ATRA BÍLIS, de Laila Ripoll | Tradução Hugo Rodas

CACHORRO MORTO NA LAVANDERIA: OS FORTES, de Angélica Liddell | Tradução Beatriz Sayad

CLIFF (PRECIPÍCIO), de José Alberto Conejero | Tradução Fernando Yamamoto

DENTRO DA TERRA, de Paco Bezerra | Tradução Roberto Alvim

MÜNCHAUSEN, de Lucía Vilanova | Tradução Pedro Brício

NN12, de Gracia Morales | Tradução Gilberto Gawronski

O PRINCÍPIO DE ARQUIMEDES, de Josep Maria Miró i Coromina | Tradução Luís Artur Nunes

OS CORPOS PERDIDOS, de José Manuel Mora | Tradução Cibele Forjaz

APRÈS MOI, LE DÉLUGE (DEPOIS DE MIM, O DILÚVIO), de Lluïsa Cunillé | Tradução Marcio Meirelles

COLEÇÃO DRAMATURGIA FRANCESA

É A VIDA, de Mohamed El Khatib | Tradução Gabriel F.

FIZ BEM?, de Pauline Sales | Tradução Pedro Kosovski

ONDE E QUANDO NÓS MORREMOS, de Riad Gahmi | Tradução Grupo Carmin

PULVERIZADOS, de Alexandra Badea | Tradução Marcio Abreu

EU CARREGUEI MEU PAI SOBRE MEUS OMBROS, de Fabrice Melquiot | Tradução Alexandre Dal Farra

HOMENS QUE CAEM, de Marion Aubert | Tradução Renato Forin Jr.

PUNHOS, de Pauline Peyrade | Tradução Grace Passô

QUEIMADURAS, de Hubert Colas | Tradução Jezebel De Carli

COLEÇÃO DRAMATURGIA HOLANDESA

EU NÃO VOU FAZER MEDEIA, de Magne van den Berg | Tradução Jonathan Andrade

RESSACA DE PALAVRAS, de Frank Siera | Tradução Cris Larin

PLANETA TUDO, de Esther Gerritsen | Tradução Ivam Cabral e Rodolfo García Vázquez

NO CANAL À ESQUERDA, de Alex van Warmerdam | Tradução Giovana Soar

A NAÇÃO — UMA PEÇA EM SEIS EPISÓDIOS, de Eric de Vroedt | Tradução Newton Moreno

2024
───────────────
2ª edição

Este livro foi composto em Univers.
Impresso pela IMOS Gráfica e Editora
sobre papel Pólen Bold 70 g/m².